Mein

MAGISCHER MORGEN

SHARON GANNON

Mein MAGISCHER MORGEN

10 Übungen für mehr Achtsamkeit, Gesundheit und inneren Frieden

SHARON GANNON

Aus dem amerikanischen Englisch
von Christina Raftery

IRISIANA

INHALT

EINFÜHRUNG: DEN WEG BEGINNEN

Der Begriff »Yoga« stammt aus dem Sanskrit und bedeutet »sich (neu) verbinden«. Damit bezieht er sich sowohl auf den Prozess als auch das Ziel der Praxis. Was Yoga erreichen will, ist – Yoga: sich an die eigene Verbindung mit einer größeren Kraft zu erinnern, des ewigen Im-Frieden-Seins.

Yoga lehrt, dass jedes Lebewesen über eine unsterbliche Seele, *Atman*, verfügt. Die Übungen ermöglichen uns, uns wieder mit ihr in Verbindung zu setzen und unsere vergänglichen Körper als vorübergehende Heimat für diese ewig währende Energie zu verstehen. Auf fast alchemistische Weise verändert die Praxis des Yoga die Wahrnehmung unserer Identität. Der Körper des erleuchteten Yogi beherbergt das Licht der Wahrheit, gleichzeitig wirkt er in der Welt als Instrument dieser Wahrheit. Die Übungen, die uns auf diesem Weg der magischen Erinnerungen an unser wahres Selbst begleiten können, sind sehr vielfältig. Einige von ihnen erforsche ich in diesem Buch.

In den yogischen Schriften und heiligen Büchern Indiens gibt es viele Darstellungen dieses Wegs. Oftmals finden sich darin Beschreibungen über das Leben großer Yogis, Einblicke in ihre damalige Welt und wie sie ihren persönlichen Weg gestalteten. Diese Erzählform greife ich in diesem Buch auf, um die Übungen zu zeigen, die mir auf meinem Weg geholfen haben. Darüber hinaus vermittle ich meine persönlichen Anmerkungen zur Geschichte des Yoga sowie Ideen über eine mögliche Verbindung mit dem alten Ägypten. Ich liebe Indien und habe größten Respekt vor der indischen Kultur. Genauso intensiv fühle ich mich von den Geheimnissen des alten Ägypten angezogen und glaube, dass Yoga universeller verankert ist, als üblicherweise angenommen wird. Vielleicht teilen sich beide Systeme den Ursprung.

Vor zehn Jahren veranlasste mich diese Intuition, nach Ägypten zu reisen. In der Königskammer der Cheopspyramide hatte ich eine außerkörperliche Erfahrung. Einen Tag später sah ich im Ägyptischen Museum in Kairo das Gemälde einer Figur, die aussah, als würde sie eine Yogahaltung ausführen (siehe Seite 93). Dort traf ich auch einen Ägyptologen, der mir eine »Kartusche« (siehe Seite 106) genanntes heiliges Oval zeigte. Es enthält zehn Hieroglyphen, in denen ich auch Asanas sehe – faszinierenderweise exakt die zehn Haltungen, die ich jeden Morgen übe.

Daher beginnt jedes Kapitel dieses Buchs mit der Abbildung einer ägyptischen Hieroglyphe, dazu mit einer Überlegung, wie sich die Bedeutung des Zeichens in die beschriebene Yogapraxis übersetzen lässt. Die Übungen, die ich zu einem Zehn-Wochen-Kurs zusammengefasst habe, stehen für sich selbst. Wenn Sie aber tiefer einsteigen und mehr über die Hieroglyphen und deren Hintergründe erfahren wollen, erzählt das Kapitel »Eine Geschichte« am Ende des Buchs von meinem Yogaabenteuer in Ägypten sowie von seinem Bezug zur *Sadhana*, die ich in diesem Buch beschreibe.

Der Sanskrit-Begriff *Sadhana* bedeutet »bewusste spirituelle Praxis«. Was eine Reihe von Yogaübungen von einem Fitness-Workout unterscheidet, ist unter anderem die Intention. Wenn Sie eine Handlung mit der Absicht vollziehen, sich dem Zustand der Erleuchtung zu nähern – damit meine ich die Erkenntnis des Eins-Seins von allen und allem –, handelt es sich um Sadhana. Sadhana betreiben Sie niemals nur für sich selbst. Hierbei geht es immer darum, sich selbst – das separate Ego-Selbst – zu überwinden und zu spüren, dass man Teil eines höheren, ja göttlichen Selbst ist. Ohne das wichtige Element des *Bhakti*, der Hingabe oder Liebe zu Gott, enthält Sadhana nichts Interessantes oder gar Transzendentes, sondern lässt uns egozentriert in der Alltagsrealität verharren, dazu verurteilt, durch die Anhäufung materieller Werte nach vergänglichem Glück zu suchen.

Durch die Verbreitung von Yogastudios überall auf der Welt sind die Möglichkeiten, gute Yogaanleitungen zu finden, immens gestiegen. Das ist grundsätzlich zu begrüßen, aber wir sollten uns immer bewusst sein, dass es bei Yoga um die Anbindung an Gott geht und damit in letzter Konsequenz um eine individuelle

Reise nach innen. Als Yogis sollten wir äußere und innere Unabhängigkeit entwickeln. Die innere Reise ist der Weg zu nachhaltiger Zufriedenheit. Mit anderen eine Yogastunde zu besuchen ist eine wunderbare Erfahrung und hat viele positive Wirkungen. Aber was ist mit all jenen, denen das aus Zeit-, Budget- oder anderen Gründen nicht möglich ist? Das bedeutet nicht, dass sie kein Yoga üben können! Das Einzige, was man dazu braucht, sind einfache, nachvollziehbare Übungsvorschläge, die jederzeit und überall umsetzbar sind. Das macht unabhängig von Stundenplänen und integriert Yoga ganz selbstverständlich in den Alltag. Auch in der Tradition lernten Yogis zunächst bei ihrem Lehrer, setzten ihren Weg jedoch später allein fort.

Ich selbst liebe Yogaunterricht in der Gruppe, aber oft kann ich die Termine nicht wahrnehmen. Ich übe täglich für mich selbst. Meine Morgenpraxis beginnt direkt nach dem Aufwachen, wenn ich noch im Bett liege, mit dem Gedanken, dankbar zu sein. In diesem Buch zeige ich, wie sich meine Praxis danach weiter entfaltet. Ich berichte, wie mich mein persönliches Sadhana – das ich über viele Jahre zu Hause, auf Reisen, in Hotelzimmern oder wo immer ich mich gerade aufhielt entwickelt habe – positiv in den Tag entlässt und mir hoffentlich hilft, eine bessere, freundlichere, gelassenere und spirituellere Person zu sein.

Mein magischer Morgen ist meine Art, dieses Sadhana mit Ihnen zu teilen. Die zehn Übungsreihen präsentiere ich als Zehn-Wochen-Kurs zur Umsetzung zu Hause und sie richten sich sowohl an Einsteiger als auch an erfahrene Yogis. Sie können sie nacheinander als komplette Serie üben, aber auch als »Warm-up« für eine längere Asana-Reihe einsetzen. Enthalten sind Vorschläge, um jeden Morgen gut gelaunt aufzuwachen, sowie Tipps, um mehr Fülle ins Dasein zu bringen und *Prana*, die Lebensenergie, zu erhöhen. Ich gebe Tipps zu körperlicher und seelischer Entgiftung und Entschlackung, die Ihnen helfen können, bis ins hohe Alter fit und geschmeidig zu bleiben und darüber hinaus alte Beziehungsprobleme zu lösen. Abgerundet werden meine Empfehlungen durch eine Schritt-für-Schritt-Meditationsanleitung, die als Befreiung von der Angst vor dem Tod wirken kann – und/oder Sie einfach für den Rest Ihres Lebens Leichtigkeit empfinden lässt und zu umfassendem Wohlbefinden führt.

WEGBEGLEITER: ÜBER DIESES BUCH

Damit eine Praxis Früchte trägt oder sich einfach wohltuend auf alle Bereiche des Lebens auswirken kann, sollte sie täglich ausgeführt werden. Sie sollte wie etwa das Zähneputzen zur guten Routine werden – und ähnlich wenig Zeit beanspruchen. Praktizieren Sie Yoga gleich nach dem Aufstehen und spüren Sie, wie sich die Wirkung über den gesamten Tag entfaltet. Transformation vollzieht sich immer subtil und allmählich, ist bei regelmäßigem Üben allerdings garantiert.

Dieses Buch ist in mehrere Kapitel und Übungswochen gegliedert. Die Überschrift jeder Woche beschreibt den »Weg« – eine kompakte Einführung in eine bestimmte Übung – zusammen mit praktischen Anweisungen, wie sie speziell in dieser Woche auszuführen ist. Zum besseren Verständnis der im Buch verwendeten Sanskrit- und anderen Fachbegriffe findet sich am Ende des Buchs ein Glossar.

Option 1: Nutzen Sie das Buch für eine Praxis, die Sie über einen Zeitraum von zehn Wochen schrittweise intensivieren können. In der ersten Woche üben Sie beispielsweise täglich Dankbarkeit. Dann fügen Sie jede Woche ein zweites Thema hinzu. Am Ende der zehnten Woche üben Sie täglich alle zehn Vorschläge als Sequenz hintereinander.

Option 2: Suchen Sie sich einzelne Übungen aus, die Ihren momentanen Bedürfnissen entsprechen, und üben Sie sie »à la carte«.

Option 3: Wählen Sie die gesamte »Magic Ten«-Serie an Yogahaltungen, die ich in Woche 4 (Verbindung mit dem Weg: Asana) vorstelle: Eine einfache Übungsreihe, die in zehn Minuten absolviert werden kann und Ihren Körper fit und geschmeidig hält.

Option 4: Nutzen Sie alle zehn Übungen oder einzelne davon als Einstimmung oder Warm-up für Ihre eigene Asanapraxis. In diesem Fall üben Sie *Shavasana*, die Endentspannung, die ich in Woche 10 erkläre, im Anschluss an die gesamte Reihe.

Option 5: Passen Sie die Reihenfolge innerhalb der Sequenz Ihren eigenen Vorlieben an. So können Sie etwa die Meditation (Übung 9) ganz nach vorn stellen. Anschließend können Sie die Reihe langsam entfalten, indem Sie die Elemente Dankbarkeit, Segenswünsche und so weiter praktizieren.

Sie haben immer die Freiheit, die Übungsvorschläge zu variieren und so Ihren Möglichkeiten und Ihrem Lebensstil anzupassen. Auch hierfür liefere ich Vorschläge. Mein letzter Tipp an dieser Stelle lautet jedoch: *Geben Sie Ihr Bestes, Gott besorgt den Rest.*

• WOCHE 1 •

DEN WEG INS LEBEN BRINGEN

DANKBARKEIT

Auf ihre vollkommen selbstlose, freundliche Art versorgt die Sonne alle Lebewesen auf der Erde mit Wärme, Licht und Energie – auf dass auch wir unser volles Potenzial als liebevolle Wesen entfalten.

Das Leben ist ein Privileg. Daher ist Demut für den Yogi eine wichtige Tugend. Durch sie können wir Egozentrik verringern und Selbsterkenntnis ermöglichen. Jeder neuer Tag gibt uns die Gelegenheit, uns darauf zu besinnen, wer wir wirklich sind – und auf unsere göttliche, ewige Verbindung mit der höchsten Kraft. Dankbarkeit erweckt Demut, und Demut führt zur Erleuchtung. Wie Sie Ihren Morgen beginnen, wird Ihren ganzen Tagesablauf beeinflussen. Wenn Sie darin Güte erfahren und geben möchten, ist es ideal, sich bereits beim Aufwachen an den Ursprung der Güte zu erinnern.

Gut aufzuwachen ist etwas, das sich trainieren lässt. Genau dies macht eine Praxis aus, denn sie entsteht nicht von selbst oder aus sich selbst heraus. Zu Beginn ist bewusstes Üben unerlässlich. Im Lauf der Zeit wird Ihre Disziplin zu Ergebnissen führen, die Praxis wird zur zweiten Natur und Sie werden mühelos in dankbarer Stimmung aufwachen.

Yoga bedeutet, »sich an Gott zu erinnern«. Die meisten von uns wachen am Morgen jedoch mit selbstbezogenen Gedanken auf, mit Fragen wie: »*Was steht an? Was werde ich heute tun?*« Sofort beschäftigen wir uns mit Planung. Vor lauter Organisation vergessen wir die eigentliche Quelle unseres Tuns. Wenn wir Gott vergessen, konzentrieren wir uns auf uns selbst als Handelnde. Das kann angesichts der vielen Dinge, die zur Erledigung anstehen, notwendig erscheinen, aber auch ziemlich erdrückend sein. Die unzähligen Probleme, die wir zu Hause, in der Arbeit und in der Welt beheben müssen – sie alle lasten scheinbar auf unseren Schultern. Vielleicht haben wir sogar die Angewohnheit, uns über unser Leben, andere Menschen, die uns behindern, und die Ungerechtigkeit von all dem zu beklagen. Dabei ist erwiesen, dass Jammern das Hirn regelrecht umprogrammiert: Je mehr wir uns beklagen, desto selbstverständlicher wird es, und mit der Zeit finden wir uns in einer Negativspirale wieder.

Das Gegenmittel für dieses Gift ist Dankbarkeit. Wenn wir in einer Jammertirade etwas finden können, das uns in Dankbarkeit wieder aufrichtet, entkommen wir diesem Teufelskreis, der zu Selbstverachtung, Grübelei, Lebensangst und dem Widerwillen, morgens aufzustehen, führen kann. Durch Dankbarkeit erfahren wir Demut: Wir stellen uns als Werkzeuge des höheren Selbst zur Verfügung. So komplex das klingt: Es entspannt, da wir uns als Mitwirkende beim kreativen Spiel des großen, »Leben« genannten Geheimnisses erkennen können.

Viele Menschen finden es schwierig, einen Bezug zu Gott herzustellen. Aber die Kraft Gottes oder – um es anders zu nennen – das Prinzip der Erleuchtung oder die Macht bedingungsloser Liebe begegnen uns durchaus auf greifbare Weise. Eine Form davon sind spirituelle Lehrer. Jeder kann diese Aufgabe erfüllen. Am Anfang stehen unsere Eltern. Es liegt an uns, in jeder Person diesen Lehrer zu sehen, diese Lehrer mit Respekt zu behandeln und den Botschaften zuzuhören, die sie uns senden. Auf unserer Lebensreise werden wir – bei entsprechender Offenheit – Lehrern begegnen, die uns in die richtige Richtung führen und uns helfen, uns an unsere Essenz zu erinnern. Dankbarkeit für ihre Präsenz in unserem Leben zu empfinden, ist ein kraftvoller Weg, Demut zu entwickeln und uns dem Zustand des Yoga näherzubringen – der Erleuchtung.

DIE ÜBUNG

Sprechen Sie nach dem Aufwachen, noch im Bett liegend, laut oder im Stillen ein Gebet, das Dankbarkeit für Ihr Leben ausdrückt, Dankbarkeit für die Gelegenheit, sich an Gott zu erinnern, und den Wunsch, mitfühlend mit anderen umzugehen.

Option 1: Danken Sie Gott zum Beispiel so für diesen Tag: »Alles, was ich heute tue, jede Handlung widme ich dir. Möge dein Segen in dieser Welt zunehmen.«

Option 2: Chanten Sie das Sanskrit-Versprechen: *»Lokah Samasta Sukhino Bhavantu.«* Oder sprechen Sie es auf Deutsch: »Mögen alle Wesen überall glücklich und frei sein und mögen meine Gedanken, Worte und Handlungen dazu beitragen.«

Option 3: Bitten Sie Ihr höheres Selbst, Sie zu seinem oder ihrem Instrument zu machen. Formulieren Sie etwa so: »Mach mich zu einem Werkzeug deines Willens. Nicht mein, sondern dein Wille geschehe. Befreie mich von Wut, Eifersucht und Angst. Fülle mein Herz mit Freude und Mitgefühl.«

Option 4: Drücken Sie Dankbarkeit für die Lehrer in Ihrem Leben aus. Erinneren Sie sich an deren Verdienste für Sie und andere Lebewesen. Sprechen Sie die Namen dieser Lehrer aus und danken Sie dafür, dass Sie ihnen begegnen durften.

Option 5: Chanten Sie das traditionelle Sanskrit-Mantra zum Guru *(Guru Stotram)*: *»Gurur Brahma, Gurur Vishnu, Gurur Devo Maheshwara, Gurur Sakshat, Param Brahma, Tasmai Shri Gurave Namah, Tasmai Shri Gurave Namah.«* Oder auf Deutsch: »Unsere Schöpfung ist dieser Guru. Die Dauer unseres Lebens ist dieser Guru. Unsere Prüfungen, Krankheiten und persönlichen Katastrophen sind dieser Guru. Es gibt einen Guru, der in der Nähe ist, und einen Guru, der jenseits des Jenseits ist. In Demut begegne ich dem Guru, der die Unwissenheit entfernt: dem Erleuchtungsprinzip, das in mir ist und mich immer umgibt.«

SEGENSWÜNSCHE FÜR DEN WEG

SEGEN BRINGEN

Die Hieroglyphe der zwei erhobenen Arme symbolisiert die Kraft des Guten in der eigenen Seele. Als Geste des Wohlwollens kann sie als Metapher für eine Umarmung betrachtet werden. Wenn wir jemanden umarmen, ziehen wir die Person zu uns und halten sie eng am Herzen. Wir kommunizieren, dass wir mit ihr in Frieden sein wollen und dass wir ihr alles Gute wünschen. Jemanden zu umarmen bedeutet, einen Segen aus der Güte des eigenen Herzens zu geben. Wenn wir mit den anderen Menschen in unserem Leben in Frieden sind, können wir es auch mit uns selbst sein.

Die anderen Menschen in unserem Leben üben eine enorme Macht über uns aus. Gedanken an sie bestimmen unseren Tag und unsere Träume. Wenn wir uns auf ihre Fehler und Mängel konzentrieren, werden wir zwangsläufig traurig, wütend, eifersüchtig oder deprimiert. Wir verharren bei der unsensiblen Art, mit der sie uns behandeln oder in der Vergangenheit behandelt haben. Oft geben wir anderen die Schuld für unsere Mutlosigkeit oder daran, dass wir nicht so glücklich sind, wie es uns zusteht. Wir fühlen uns ungerecht behandelt, ungeliebt oder nicht genug geliebt. Wir denken, dass wir Besseres verdienen. Wir haben Mitleid mit uns selbst und sehnen uns danach, von liebevollen, uns unterstützenden Menschen umgeben zu sein, die konstant nur das Beste von uns denken. Stimmt, oder? Und unsere Entschuldigung lautet immer: »Wenn er nur damit aufhören würde.« Oder: »Wenn sie das nicht getan hätte.« Allzu oft haben wir das Gefühl, dass andere Menschen uns im Weg stehen und unser Glück verhindern. Tatsächlich sind genau sie es, die uns in unserem Leben den Weg weisen. Wir müssen lediglich bereit sein, sie in diesem Licht zu sehen.

Sich von den unfreundlichen Menschen in unserer Welt zu befreien, ist möglich – indem wir darauf vertrauen, dass sie sich alle verändern können. Aber warten Sie nicht darauf, dass sie sich von allein ändern, denn da können Sie ewig warten! Sie müssen sich selbst ändern. Wenn Sie wollen, dass jemand ein heiliges Wesen ist, müssen Sie ihn oder sie als heiliges Wesen sehen. Diese Wesen existieren sowieso nur in Ihrer eigenen Vorstellung. Sie entspringen Ihren eigenen vergangenen Karmas und erscheinen so, wie Sie sie selbst wahrnehmen. Wie Sie eine Situation oder eine Person in Ihrem aktuellen Leben sehen, hat mit Ihrem Karma zu tun und wie Sie in der Vergangenheit andere behandelt haben. Auf die Frage, wie man generell mit anderen Menschen umgehen solle, antwortete der Guru Ramana Maharshi auf yogische Weise: »Es gibt keine anderen.« Als Erleuchteter lebte er in einer Realität der Einheit, in der »Anderssein« nicht existiert. Yogis wie er leben nicht wie wir mit Dualitäten. Wenn auch wir andere als unser eigenes Selbst sehen könnten, würden wir sie wahrscheinlich freundlicher behandeln – so, wie wir auch behandelt werden möchten.

Wir können unseren vergangenen Karmas, unseren früheren Handlungen, nicht entkommen. Aber wir können jetzt beginnen und unser Bestes geben, um die Samen zu pflanzen, die wir in der Zukunft wachsen sehen wollen. Sich um Vergebung, Güte und Freundlichkeit gegenüber anderen zu bemühen, führt zu spiritueller Stärke. So viel Leid entsteht dadurch, dass wir uns selbst als Opfer anderer betrachten – als Zielscheibe für ihre Selbstsucht, Grausamkeit, Gier, Härte und so weiter. Wir sehen die Welt als »da draußen«, anstatt aufeinander zuzugehen und zu erkennen, dass diese außerhalb vermutete Welt *aus uns selbst* entsteht, aus der Art, wie wir andere in der Vergangenheit behandelt haben. Diese anderen liefern uns eine karmische Projektion – einen Spiegel, in dem wir uns selbst sehen können.

Der Weg des Yogis besteht darin, tiefer nach innen zu tauchen, über die karmische Ebene hinaus zur ewigen Seele, dem unveränderlichen Atman, unserer

Verbindung zu Gott. Die Natur der ewigen Seele ist Freude. Dies ist die einzig wahre Realität, alles andere ist vorübergehend. Wenn man die Natur seiner eigenen Seele erkennt, entdeckt man das wahre Selbst; das, was niemandem schaden kann, *Satchidananda* genannt (ewige Wahrheit, Bewusstsein und Glückseligkeit). Durch die Praxis, anderen Segen zu geben, können Sie die Kraft Ihrer eigenen Seele erfahren – die Kraft des Guten.

Bekanntlich können nur Heilige Segen erteilen. Doch wie wird man zum Heiligen? Die Antwort lautet: durch die Praxis des Segnens. Wenn diese positive Bekräftigung durch Sie hindurch wirkt, verändert sie Sie. Indem Sie jemanden mit guten Wünschen versehen, ändern Sie nicht nur die negative Wahrnehmung dieser Person in Ihrem eigenen Kopf, sondern verändern auch die Wahrnehmung von sich selbst als Person mit negativer Perspektive. Gute Wünsche zu formulieren ist eine Möglichkeit, auf anonyme Weise die Welt zu verändern – und vermag aus Teufeln Engel zu machen. Das kann in der Privatsphäre Ihres eigenen Geistes stattfinden. Sie müssen sich mit niemandem zum Kaffee treffen und darüber reden.

Denn wie können Sie von jemandem erwarten, Sie als respektables Gegenüber zu sehen, wenn Sie es umgekehrt nicht tun? Es liegt in Ihrer Hand – oder besser Ihrer Geisteshaltung. Die Frage ist lediglich, ob Sie bereit sind zu vergeben, loszulassen und die Liebe als führende Kraft zu akzeptieren.

Mitgefühl ist unendlich und steht Ihnen unbegrenzt zur Verfügung. Also seien Sie großzügig mit Ihren guten Wünschen und verteilen Sie sie an alle: an die Menschen, die Sie mögen, und an die, die Sie nicht mögen. Sie alle als heilige Wesen zu sehen sorgt dafür, dass Sie auch als heilige, gesegnete Wesen in Ihrem Leben wirken.

DIE ÜBUNG

Lassen Sie das Bild von jemandem, den Sie kennen, in Ihrem Geist entstehen. Sagen Sie, während Sie einatmen, still: »Segen und Liebe für …«, und während Sie ausatmen ebenso still den Namen dieser Person. Konzentrieren Sie sich weiterhin auf sie oder erlauben Sie anderen Menschen, in Ihr Bewusstsein einzutreten. Versuchen Sie während des Segens, sich die betreffende Person freudvoll und von Licht umgeben vorzustellen.

Option 1: Bleiben Sie nach dem Aufwachen im Bett liegen und verteilen Sie mit geschlossenen Augen so viel Segen an so viele Menschen, wie Sie vor dem Aufstehen geben können.

Option 2: Sitzen Sie bequem in einer meditativen Haltung. Verwenden Sie einen Timer, um sich ohne Gedanken an die Zeit auf die Segenswünsche konzentrieren zu können. Stellen Sie den Timer ein und sitzen Sie für die Dauer der gewünschten Zeitspanne, in der Sie Segenswünsche aussprechen wollen, ruhig und entspannt.

Option 3 (etwas mystischer): Verwenden Sie eine *Mala* (Gebetskette). Halten Sie die Mala mit Ihrer rechten Hand. Während Sie eine Perle nach der anderen mithilfe des Daumens über ihren Ringfinger gleiten lassen, konzentrieren Sie sich auf die Person, die Sie mit Segen versehen wollen. Entscheiden Sie vorab, wie viele Runden Sie mit der Mala beten wollen.

• WOCHE 3 •

WEGZEHRUNG

DIE VÖGEL FÜTTERN

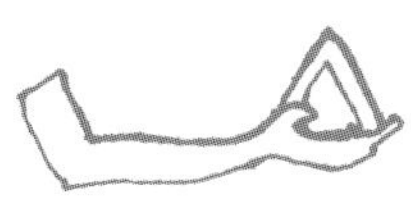

Die Hieroglyphe eines ausgestreckten Arms mit einer flachen Hand, auf der etwas angeboten wird – ein Stück Kuchen oder ein Stück Brot –, stand bei den alten Ägyptern für Wohltätigkeit, das Teilen guter Nahrung. Das Geheimnis des Reichtums besteht darin, auf vielen Ebenen großzügig zu sein. Was immer wir darbieten, wird viele Male zu uns zurückkommen.

Sich an Gott zu erinnern und freundlich zu anderen zu sein, ist die wichtigste Aufgabe, die jeder von uns in diesem Leben hat. Sie führt zur Erkenntnis der letztendlichen Wirklichkeit. Güte und Mitgefühl für andere ist der sichere Weg zum Glücklichsein. Aber gibt es hierfür ein Rezept? Profitieren davon nicht nur die »anderen«? Nein, Freundlichkeit wirkt in alle Richtungen. Unsere Mit-Lebewesen existieren nicht unabhängig von uns selbst, sie entstammen unseren vergangenen Karmas. Sie existieren nur in Ihrem Leben, weil Sie sie als existierend betrachten. Der hinduistische Gelehrte Patanjali erklärt dies in den *Yoga Sutras* so: »*Vas-tu-samye chitta-bedhat tayor vibaktaha panthah*« (4,15). Die Übersetzung lautet etwa: »Jede einzelne Person nimmt das gleiche Objekt, das zunächst ohne Bedeutung ist, auf andere Weise wahr entsprechend ihrer eigenen Geisteshaltung und Projektion.«

Wenn Sie sich jemandem gegenüber unfreundlich verhalten, schaffen Sie Voraussetzungen, Unfreundlichkeit zu sehen. Wenn Sie jemanden beispielsweise als gierigen Menschen bezeichnen, wird die Konsequenz sein, dass gierige Leute in Ihrem Leben erscheinen werden.

Wenn Sie sich selbst als arm und nicht in der Lage betrachten, großzügig zu anderen zu sein, legen Sie den Grundstein dafür, sich selbst als Opfer dieser Armut zu sehen. Wenn Sie diese Wahrnehmung stetig nähren, wird sie zu Ihrer Realität. Sie haben die Wahl: Sie können sich selbst als erleuchtetes Wesen oder als Opfer sehen; beides zusammen geht nicht. Wenn Sie sich für Ersteres entscheiden, beginnen Sie damit, andere als erleuchtet zu betrachten. Wie Sie andere behandeln, entscheidet darüber, was Sie selbst von ihnen erfahren. Wie andere Sie behandeln, bestimmt Ihre Sichtweise von sich selbst. Diese Selbstwahrnehmung formt letztlich Ihre Identität.

Wenn Sie die Welt von Gier befreien wollen, müssen Sie zunächst die Samen der Gier in Ihrem eigenen Geist zerstören, anderenfalls setzen Sie Gier in die Welt. Mit anderen Worten: Sie müssen Ihr Bestes geben, mitfühlend zu anderen zu sein, sich um andere zu kümmern, als wären sie Ihr eigenes Selbst. Sich auf andere zu konzentrieren ist der Schlüssel, die Krankheit der Ichbezogenheit zu überwinden. Stellen Sie andere über sich selbst. Sorgen Sie mehr für das Glück anderer als für Ihr eigenes. Diese Verschiebung wird das Anderssein auflösen und die Einheit des Seins enthüllen.

Freundlichkeit ist der Schlüssel zum Yoga. Wenn Sie keine Freundlichkeit anderen gegenüber aufbringen, können Sie im Yoga keine Fortschritte machen. Sich um andere zu kümmern, ist ein sicherer Weg, das eigene Glück zu erhöhen. Wenn wir die Dinge in erster Linie tun, um uns selbst gut zu fühlen, steigern wir nur die Identifikation mit unserem kleinen Selbst – unserem Körper, unserem Geist und unserer Persönlichkeit. In den *Yoga Sutras* führt Patanjali diese Identifikation als das Haupthindernis für Yoga an und nennt es *Avidya*, was »Unwissenheit« oder »falsche Identität« bedeutet. Die Yogaübungen zielen darauf ab, egozentrische Sorgen abzulegen und den Fokus auf die Belange anderer zu legen. Zugunsten anderer von eigenen Bedürfnissen abzusehen, erweitert das Selbstgefühl und bewirkt wahres Selbstvertrauen. Von sich selbst besessen zu sein, kann zu Unglück und Depression führen. Der Schlüssel zu größerem eigenen Wohlbefinden ist, zum Glück anderer beizutragen.

Warum also Vögel? Wenn Sie wilde Vögel füttern, versichern Sie sich auf karmische Weise, dass Sie immer genug zu essen haben werden und Ihre eigene

Wildheit nicht sterben wird. Vögel und andere frei lebende Tiere haben es schwer, in einer von egozentrischen Menschen dominierten Welt zu überleben. Die meisten Menschen nehmen an, dass Vögel in freier Wildbahn selbst wissen, wie sie für sich sorgen können, und weisen eine Verantwortung für sie von sich. Tatsache ist aber, dass wir ihren natürlichen Lebensraum mit Pestiziden verschmutzt oder gar zerstört haben. Vögel brauchen so wenig für ihr Leben: ein paar Samen und ein paar Tropfen frisches Wasser. Für uns bedeutet das nicht viel. Für ein gefiedertes Wesen kann es über Tod oder Leben entscheiden.

DIE ÜBUNG

Füttern Sie, bevor Sie am Morgen selbst frühstücken oder ein Getränk zu sich nehmen, zunächst die Vögel.

> *Option 1:* Befüllen Sie ein Vogelhäuschen außerhalb Ihres Fensters oder legen Sie einfach ein paar Bio-Samen oder Brotkrumen auf dem Fensterbrett bereit.
>
> *Option 2:* Wenn Sie keine wilden Vögel in der Nähe haben, füttern Sie Ihre Katze, Ihren Hund oder andere Familienmitglieder.

• WOCHE 4 •

VERBINDUNG MIT DEM WEG

ASANA

Das Sanskrit-Wort *Asana* bedeutet »Sitz«. Ein Sitz ist eine Verbindung zur Erde, die Beziehung mit einschließt. Die ägyptische Hieroglyphe, die die Göttin Isis darstellt, ist ein Sitz, ein abstrakter Stuhl. Ihr phonetischer Klang ist *st*, wie das Sanskrit-Wort *sthiti*, das »Stabilität« bedeutet (das englische Wort »steady« und der deutsche Begriff »stetig« sind damit verwandt). Die alten Ägypter haben die Qualität der stetigen Verbundenheit mit der Erde, die durch die Göttin Isis verkörpert wurde, verstanden. Für sie personifizierte die Göttin die Fähigkeit, sich in einer Beziehung perfekt zu verbinden. Es war Isis, die durch die Macht der Liebe in der Lage war, den zerstückelten Körper ihres Ehemannes Osiris neu zusammenzusetzen und ihn wieder zum Leben zu erwecken. Sie konnte das tun, weil sie sich an das Gute erinnerte – an die Güte ihrer ewigen Seele und deren liebevolle Kraft.

Indem sie dazu beiträgt, unsere Beziehung zur Erde und zu allen Wesen zu reinigen, nähern wir uns über die Asana-Praxis dem Zustand des Yoga. In den *Yoga Sutras* sagt Patanjali, dass unser Asana – unser Sitz, unsere Verbindung zur Erde – *sthira* (stabil) und *sukham* (leicht, freudig) sein sollte. Unsere Beziehung zur Erde sollte für beide Seiten vorteilhaft sein; sie sollte uns und anderen zugutekommen. Unser Leben sollte nicht selbstsüchtig gelebt werden. Wenn uns Yoga ein Anliegen ist – also die Verbindung mit dem höchsten Selbst –, müssen wir alles, einschließlich unserer Yogapraxis, auf selbstlose Weise tun, mit der bewussten Absicht, negative Tendenzen loszulassen. Selbstsucht trennt uns vom Weg des Yogis.

Ist Asana nun eine körperliche oder eine spirituelle Praxis? Um Yoga zu praktizieren, brauchen Sie zunächst Ihren physischen Körper. Die Absicht, in und mit der Sie Asana üben, wird das Ergebnis der Übung bestimmen. Dabei sind Ihre Gedanken die stärkste Kraft, die auf Sie wirkt. Damit eine Reihe von Asanas eine spirituelle Praxis sein kann, muss der oder die Praktizierende dies so beabsichtigt haben. Viele Menschen üben Yoga-Asanas »nur«, um ihre körperliche Fitness zu verbessern. Daran ist nichts falsch. Aber denjenigen, die darüber hinausgehen wollen, hat die Methode mehr zu bieten: Die Praxis kann schlicht und ergreifend zur Erleuchtung führen. Wodurch? Indem sich Ihre Wahrnehmung von sich selbst und anderen verändert. Damit kann Asana auch therapeutisch wirken und unsere Beziehungen verbessern.

Karma bedeutet »Aktion«. Wir handeln in Bezug auf andere. Alles, was wir denken, sagen und tun, bringt uns in Kontakt mit anderen – Menschen, Tieren, Bäumen, Pflanzen und der gesamten Umwelt. Auch das Verhältnis zu uns selbst wird von unseren Beziehungen zu anderen beeinflusst. Andere können unsere Gefühle verletzen. Wenn wir fühlen, dass jemand, der uns wichtig ist, uns nicht mag, können wir uns Sorgen machen und denken, dass wir irgendwie fehlerhaft sind. Erhalten wir jedoch Unterstützung und Ermutigung von anderen, schenkt uns das Vertrauen und das Gefühl, unbesiegbar zu sein. Es ist vollkommen natürlich, dass man respektiert und geliebt werden möchte. Einseitige Beziehungen gelten als fatal. Wenn wir geliebt werden wollen, müssen wir lieben. Wenn wir wollen, dass uns vergeben wird, müssen wir vergeben. Was immer wir für uns selbst wollen, sollten wir anderen ermöglichen. Das muss alle anderen miteinbeziehen, und sogar die Erde – die Umwelt. Andere so zu behandeln, wie wir behandelt werden möchten, ist der Weg, für alle Seiten vorteilhafte Beziehungen aufzubauen: Beziehungen, die beständig und von Freude erfüllt sind. Die Asana-Praxis ist dazu da, unsere Beziehungen zu reinigen. Es ist eine sehr körperliche Übung, aber mit tiefem emotionalen und spirituellen Potenzial.

Die Handlungen, die durch unsere Interaktionen mit anderen erzeugt werden, sind im Körpergewebe gespeichert und bestimmen unser Karma. Im Grunde sind sie es, die unseren Körper ausmachen. Indem wir den Körper mit der Absicht, unser Karma zu reinigen und Beziehungsthemen zu klären, durch die Asana-Praxis bewegen, werden wir uns wohler in unserem Körper fühlen. Dies führt zweifellos zu mehr Glück. Wenn unsere Verbindung zur Erde und anderen Lebewesen allen nutzt, befinden wir uns auf dem Weg zu Yoga, zur wahren Selbsterkenntnis, zur Verwirklichung der Einheit des Seins, in der das Anderssein verschwindet.

In Woche 4 liegt der Fokus auf Asana und wir praktizieren die »Magic Ten«, eine in der Tat »magische« Serie von zehn einfachen Asanas, die in etwa zehn Minuten absolviert werden kann. Die »Magic Ten« bewegen die Wirbelsäule in alle Richtungen, in denen sie mobil sein kann. Aus diesem Grund handelt es sich bei ihnen um ein effizientes körpertherapeutisches, tägliches Trainingsprogramm, das die Gelenke beweglich hält sowie Muskeln und innere Organe kräftigt. Darüber hinaus stimuliert es durch die Freisetzung von natürlichen »Wohlfühl«-Chemikalien wie Dopamin auch das endokrine System. Mit den »Magic Ten« erhalten Sie also Zugriff auf Ihr eigenes pharmazeutisches Labor. Die gute Nachricht: Es gibt keine negativen Nebenwirkungen!

Verbunden mit einer Absicht, kann die Asana-Praxis auch als kraftvolles psychotherapeutisches Transformationswerkzeug mit dem Potenzial zur Integration von Körper, Geist und Seele dienen. Die Enge, Schwäche und der Schmerz, denen wir beim Üben möglicherweise begegnen, sind körperliche Symptome, die eventuell auf tiefere emotionale Ursachen hinweisen, darunter Wut, Reue und Schuldgefühle. Wenn Sie zum Beispiel Schwierigkeiten haben, in einer Stehhaltung zu balancieren, könnte ein ungelöstes karmisches Thema mit einem Elternteil vorliegen. Wenn eine Rückbeuge schwerfällt, beispielsweise der Tisch, bei dem die Brust gedehnt und das Herz geöffnet wird, gibt es vielleicht jemanden in Ihrem Leben, der Sie verletzt hat und dem Sie nicht vergeben können. Doch auch wenn es möglich ist, durch das Praktizieren von Asanas Beziehungen zu heilen und sich auf ein erleuchtetes Bewusstsein zuzubewegen: Vermeiden Sie jedoch unbedingt den Denkfehler, dass die Stärksten und Biegsamsten im Yogaraum die tollsten Beziehungen haben und zudem erleuchtet sind. Entscheidender Faktor ist die Absicht; das, woran wir denken, wenn wir die Übung machen.

Wie jede andere Aktivität kann Asana allein für die Pflege des Egos und nicht für mehr Beständigkeit und Freude in unseren Beziehungen zur Erde und zu anderen Wesen eingesetzt werden. Allerdings hat sie, wenn wir uns für Letzteres entscheiden, viel größeres Potenzial. Sehr oft halten wir ungelöste psychologische oder karmische Probleme mit anderen im Körper fest. Wenn wir die Geduld haben, unseren Körper in eine bestimmte Position zu bringen, dort zu verweilen und bewusst zu atmen, während wir eine positive Geisteshaltung aufrechterhalten, können wir beginnen, uns wieder mit unserem physischen, energetischen, emotionalen, intellektuellen und sogar spirituellen Selbst zu verbinden. Diese Reintegration wird zu mehr Frieden, Ruhe, Freude und Leichtigkeit und weniger Trennung, Stress, Sorgen und Angst führen. Irgendwann werden wir vielleicht sogar eine Verbesserung unserer Beziehungen zu anderen bemerken.

»Magic Ten« nenne ich diese Übungen, weil ich unter Magie eine Veränderung der Wahrnehmung verstehe. Nach Abschluss der Serie werden Sie eine positivere Wahrnehmung von sich selbst und anderen haben und optimistischer gestimmt sein. Vielleicht bekommen Sie sogar eine Ahnung davon, dass durch eine positivere Verbindung zu sich selbst und anderen Ihrem Glück nichts mehr im Weg steht – einem Weg, auf dem alles und jeder in Ihrem Leben einen Wegweiser darstellt.

DIE ÜBUNG

Bevor Sie mit der ersten Übung beginnen, formulieren Sie im Geist eine positive, selbstlose Absicht, die Sie durch die Reihe führen wird. Hier ein paar Inspirationen:

> »Durch diese Übung möchte ich die physischen und emotionalen Gifte, die ich in meinem Körper habe, loslassen.«

> »Möge diese Übung mir helfen, mich von Wut, Eifersucht und Angst zu befreien, damit ich liebevoller, nachsichtiger und freundlicher zu anderen sein kann.«

»Möge diese Praxis mir helfen, ein Instrument des Willens Gottes zu werden.«

»Möge diese Praxis mir helfen, das Leben anderer zu verbessern.«

»Möge diese Übung meine Wahrnehmung von mir selbst und anderen verändern, damit ich meine Feinde als Freunde sehen kann, die mir helfen, Geduld und Vergebung zu entwickeln.«

Folgen Sie bei allen zehn Übungen den Anweisungen und atmen Sie gleichmäßig mit geschlossenem Mund und entspanntem Kiefer durch die Nase ein und aus. Zählen Sie dabei still jeden Atemzug.

Option (mit Mantra): Statt die Atemzüge mit Zahlen zu versehen, können Sie ein Mantra einsetzen. Sprechen Sie zum Beispiel bei jeder Einatmung lautlos »Hari Om«. Zählen Sie während der Ausatmung von eins bis zehn oder wie weit Sie auch immer zählen möchten.

1. NACH UNTEN SCHAUENDER HUND *(ADHO MUKHA SVANSANA)*

Beginnen Sie im Vierfüßlerstand. Heben Sie mit der Einatmung die Knie nach oben. Bewegen Sie sich mit der Ausatmung nach hinten und oben und strecken Sie dabei die Beine so weit wie möglich durch. Bewegen Sie die Fersen in Richtung Boden, entspannen Sie den Kopf, verweilen Sie und atmen Sie ruhig.
Einatmen, ausatmen 1 … (Setzen Sie diese Zählweise bis zum zehnten Atemzug fort:)
Einatmen, ausatmen 10.

2. STEHENDE VORWÄRTSBEUGE *(UTTANASANA)*

Bewegen Sie die Füße nach vorn hinter die Handflächen. Platzieren Sie sie hüftweit voneinander entfernt und parallel. Die Handflächen sollten sich unter den Schultern befinden und vollständig auf den Boden gepresst sein. Wenn Sie die Unterlage nicht erreichen können, legen Sie jede Hand auf einen Block. Idealerweise sollten Arme und Beine gestreckt sein. Verteilen Sie Ihr Gewicht gleichmäßig auf Hände und Füße. Anders gesagt: Schaukeln Sie nicht zurück auf die Füße und geben Sie keiner Seite den Vorzug.
Einatmen, ausatmen 1 … (Setzen Sie diese Zählweise bis zum zehnten Atemzug fort:)
Einatmen, ausatmen 10.

3. HOCKE *(MALASANA)*

Nehmen Sie die Füße mattenbreit auseinander, gehen Sie in die Knie zu einer hockenden Position und bringen Sie die Hände in Gebetshaltung. Nutzen Sie dabei die angewinkelten Ellenbogen, um die Innenseiten der Oberschenkel nach außen zu schieben, und richten Sie die Wirbelsäule auf. Um die Balance nicht zu verlieren, können Sie die Füße leicht nach außen drehen. Dabei sollten die Gelenke der großen Zehen in die Unterlage drücken und die Knie nicht nach innen rollen. Richten Sie sie stattdessen über der jeweiligen Fußmitte aus.
Einatmen, ausatmen 1 … (Setzen Sie diese Zählweise bis zum zehnten Atemzug fort:)
Einatmen, ausatmen 10.

> *Option:* Wenn Ihre Fersen nicht bis zum Boden kommen, können Sie sie mit dem gerollten Mattenende oder einer gefalteten Decke unterstützen. Alternativ können Sie sich auch auf einen Block setzen.

4. DREHSITZ-VARIATION *(ARDHA MATSYENDRASANA VARIATION)*

Strecken Sie im Sitzen beide Beine nach vorne und beugen Sie dann die Knie. Platzieren Sie die Rückseiten der Fersen an der Stelle, wo sich zuvor Ihre Kniekehlen befanden. Die Innenseiten der Knie und Fersen berühren sich. Legen Sie in dieser Position den linken Arm um Ihre Schienbeine. Platzieren Sie die rechte Hand auf dem Boden hinter sich und richten Sie mit einer Einatmung Ihre Wirbelsäule auf. Drehen Sie sich beim Ausatmen zur rechten Seite und verweilen Sie dort für fünf Atemzüge. Atmen Sie danach wieder ein, drehen Sie sich nach vorn und wiederholen Sie die Übung auf der linken Seite.

5. DREHSITZ *(ARDHA MATSYENDRASANA)*

Beginnen Sie im Sitzen mit ausgestreckten Beinen auf dem Boden. Winkeln Sie mit der Einatmung das rechte Bein an und platzieren Sie mit der Ausatmung den rechten Fuß an der Außenseite der linken Wade. Die rechte Ferse berührt dabei die Unterlage am linken Knie (oder etwas unterhalb des Knies). Strecken Sie den linken Arm mit einer Einatmung nach oben, verlängern Sie dabei die linke Flanke und drehen Sie sich dann mit einer Ausatmung nach rechts. Drücken Sie nun die Außenseite Ihres linken Arms gegen die Außenseite des rechten Knies. Lassen Sie den linken Arm angewinkelt oder halten Sie den rechten Innenrist mit der linken Hand. Zählen Sie fünf Atemzüge, strecken Sie dann beide Beine aus und wiederholen Sie die Übung mit der Drehung zur linken Seite.

6. TISCH *(PURVOTTANASANA VARIATION)*

Beugen Sie mit der Einatmung die Knie und nehmen Sie die Füße hüftweit auseinander und parallel. Platzieren Sie mit der Ausatmung Ihre Hände hinter den Rücken, die Finger weisen dabei nach vorn. Bringen Sie mit der Einatmung das Becken nach oben, atmen Sie aus und legen Sie den Kopf in den Nacken. Die Fußknöchel befinden sich nun genau unter den Knien, die Hände genau unter den Schultern. Indem Sie die Fersen fest in den Boden drücken, stellen Sie sicher, dass das Becken gehoben bleibt.
Einatmen, ausatmen 1 … (Setzen Sie diese Zählweise bis zum zehnten Atemzug fort:)
Einatmen, ausatmen 10. Kommen Sie wieder nach unten.

> *Option* (leichter): Die »Magic Six« sind absolviert. Sie können die nächsten vier Haltungen auslassen und die Reihe hier beenden.

7. HANDSTAND *(ADHO MUKHA VRKSASANA)*

Legen Sie Ihre Hände mit den Handflächen nach unten auf den Boden. Die Spitze Ihrer Mittelfinger befindet sich ungefähr zwölf Zentimeter von der Wand entfernt. Laufen Sie mit den Füßen nach hinten, bis Sie in einem kurzen nach unten schauenden Hund sind. Heben Sie dann ein Bein an, beugen Sie das andere Bein und kommen Sie in den Handstand. Bringen Sie beide Fersen an die Wand und lassen Sie Ihren Kopf entspannt fallen. Halten Sie Ihren Nacken dabei lang. Lassen Sie die Fersen an der Wand und heben Sie sich durch die Fußballen nach oben, während Sie die Atemzüge zählen. (Halten Sie sich zunächst fünf Atemzüge lang. Mit der Zeit – Wochen, Monate oder Jahre – können Sie auf 50 oder mehr Atemzüge erhöhen.) Atmen Sie so langsam und gleichmäßig wie möglich durch die Nase, halten Sie dabei den Mund geschlossen und den Kiefer entspannt. Atmen Sie schließlich aus, kommen Sie mit den Füßen auf den Boden und bleiben Sie für zwei bis drei langsame Atemzüge in einer stehenden Vorwärtsbeuge. In dieser Position beugen Sie beim Einatmen die Knie und richten sich langsam in einer runden Bewegung auf.

Option (leichtere Version: der L-förmige Handstand): Beginnen Sie im Vierfüßlerstand, wobei die Füße geflext sind und die Fersen die Wand berühren. Vergewissern Sie sich, dass Ihre Hände genau unter Ihren Schultern plaziert sind, Ihre Knie unterhalb der Hüfte. Heben Sie die Knie vom Boden und gehen Sie erst mit einem, dann mit dem anderen Fuß die Wand hoch. Die Knie sind dabei gebeugt. Strecken Sie dann beide Beine so gut Sie können, sodass die Beine in einem 90-Grad-Winkel mit dem Oberkörper sind und der Körper eine »L«-Form bildet. Lassen Sie den Kopf entspannt hängen und verlängern Sie den Nacken. Nehmen Sie Gewicht von den Handgelenken. Lenken Sie stattdessen die Energie bewusst durch Ihre Arme, drücken Sie die Fersen und Fußballen gegen die Wand und entspannen Sie die Zehen. Zählen Sie fünf bis zehn Atemzüge.

8. BRUSTKORBÖFFNUNG

Stehen Sie gerade, die Füße parallel nebeneinander. Verschränken Sie die Finger hinter Ihrem Rücken und drücken Sie die Handflächen zusammen. Wölben Sie beim Einatmen den Brustkorb, legen Sie das Kinn auf die Brust und heben Sie die Arme weg vom Oberkörper. Halten Sie Ihre Wirbelsäule gestreckt und kippen Sie nicht Ihr Becken. Atmen Sie aus.
Einatmen 1 … (Zählen Sie fünf Atemzüge weiter.)
Bringen Sie anschließend Hände und Arme an die Körperseiten zurück.

9. SEITLICHE STRECKUNG

Bringen Sie mit der Einatmung die Arme über den Kopf. Verschränken Sie die Finger, drücken Sie die Handflächen aneinander und entspannen Sie die Schultern.
Beugen Sie sich mit der Ausatmung nach links.
Mit der Einatmung zurück zur Mitte.
Mit der Ausatmung nach rechts.
Wiederholen Sie die Übung zehnmal (fünf Streckungen auf jeder Seite).

> *Option:* Verringern sie die Zahl der Streckungen auf vier; zwei auf jeder Seite.

10. STEHENDE RÜCKBEUGE / WIRBELSÄULENROLLE (16 ATEMZÜGE)

Beginnen Sie im Stehen.
Ausatmung: Bringen Sie die verschränkten Finger hinter den Kopf.
Einatmung: Nehmen Sie die Ellenbogen auseinander, verlängern Sie die Wirbelsäule und weiten Sie den Brustkorb.
Ausatmung: Beugen Sie sich zurück. (1)
Einatmung: Verlängern Sie die Wirbelsäule.

Ausatmung: Lehnen Sie sich weiter zurück. (2)
Einatmung: Verlängern Sie die Wirbelsäule.

Ausatmung: Lehnen Sie sich weiter zurück. (3)
Einatmung: Kommen Sie wieder in eine aufrechte Position.

Ausatmung: Bringen Sie die Ellenbogen wieder zueinander und das Kinn zum Brustkorb. (4)
Einatmung: Bringen Sie ein Gefühl der Weite in den oberen Rücken. *Einatmung*

Ausatmung: Rollen Sie mit der Nase zum oberen Brustkorb. (5)
Einatmung

Ausatmung: Rollen Sie mit der Stirn zum Brustbein. (6)
Einatmung

Ausatmung: Rollen Sie mit der Stirn zum Bauch. (7)
Einatmung

Ausatmung: Rollen Sie mit der Stirn zum Nabel. (8)
Einatmung

Ausatmung: Rollen Sie mit der Stirn zum Schambein. (9)
Einatmung

Ausatmung: Rollen Sie mit der Stirn zur Mitte der Oberschenkel. (10)
Einatmung

Ausatmung: Rollen Sie mit der Stirn zu den Knien. (11)
Einatmung

Ausatmung: Beugen Sie die Knie und berühren Sie mit der Stirn die Knie. Dabei kommen die Ellenbogen in Kontakt mit den Außenseiten der Knie. (12)

Einatmung: Lassen Sie die Knie gebeugt, öffnen Sie die Ellenbogen, heben Sie den Oberkörper und lassen Sie die Wirbelsäule gerade.
Ausatmung: Verweilen für drei Atemzüge. (13)

Einatmung: Strecken Sie die Beine und gehen Sie zurück in die aufrechte Haltung.
Ausatmung. (14)
Einatmung: Verlängern Sie die Wirbelsäule.

Ausatmung: Lehnen Sie sich so weit wie bequem möglich zurück. (15)

Einatmung: Kommen Sie in eine aufrechte Haltung.

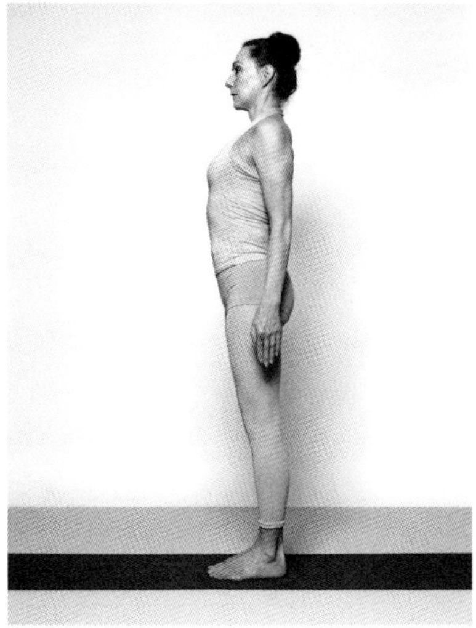

Ausatmung: Lassen Sie die Arme entspannt seitlich nach unten hängen. (16)

Option (leichter): Halten Sie die Beine während der Atemzüge 5 bis 12 nicht durchgestreckt, sondern geben Sie bei der Beugung in den Knien nach.

• WOCHE 5 •

BE-WEGEN

TANZ

Die frühesten archäologischen Nachweise für Tanz wurden an zwei Orten gefunden: in Indien und in Ägypten. Im alten Ägypten war Tanz ein Teil des Lebens, er spielte eine wichtige Rolle in allen sozialen Schichten und wurde sowohl öffentlich als auch privat zelebriert. Durch Musik und Bewegung drückten die Menschen ihre Verbindung zum Spirituellen aus, zum Unsichtbaren, aber dennoch energetisch Spürbarem.

Grundsätzlich ist Musik wie Luft – sie ist überall. Tanzen bedeutet, Musik anzuzapfen und sie durch den Körper fließen zu lassen. Das Leben der alten Ägypter war von religiöser Hingabe durchdrungen, und sie lebten naturnah. Ihre Götter kommunizierten mit ihnen durch die belebte Welt um sie herum; im Wind und im Schilf, in den Bewegungen der Vögel am Himmel und der Schlange an der Oberfläche des Sandes. Tänzer tanzten einzeln, zu zweit oder in Gruppen. Beim Paartanz waren es immer zwei Männer oder zwei Frauen. Frauen und Männer tanzten nicht zusammen.

Für sich allein zu tanzen ist eine freudvolle Erfahrung, die Hemmungen löst, Musikalität fördert und großen Spaß macht. Die folgenden drei Grundschritte wirken sehr belebend. Manchen werden sie bekannt vorkommen: Sie entstammen der respektablen amerikanischen Tradition des Aerobic aus den 1980er-Jahren.

DIE ÜBUNG

Diese drei einfachen Tanzbewegungen stimulieren das Herz-Kreislauf-System, besonders Herzfrequenz und Durchblutung. Dazu verbessern sie die Koordination, machen Spaß und lehren uns auf anmutige Weise, den Atem mit der Bewegung zu synchronisieren.

Beginnen Sie in einer leichten Grätsche und heben Sie Ihre Arme gestreckt über den Kopf. Bilden Sie mit Ihrem Körper ein X.

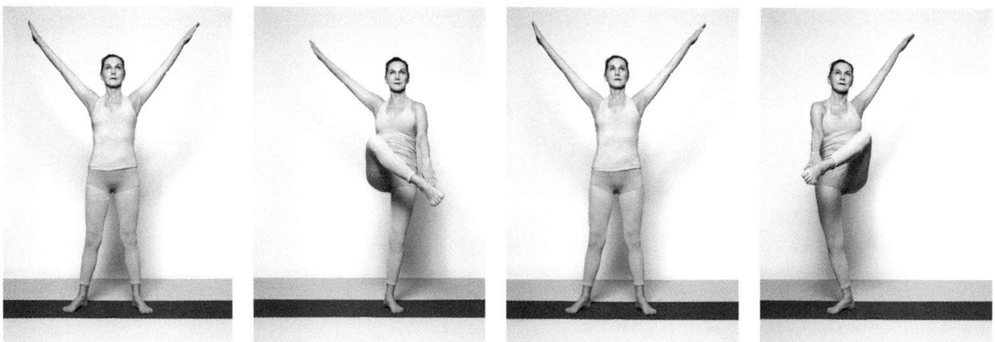

»Leg lifts« nach vorn: 10 Atemzüge. Heben Sie Ihr rechtes Bein, beugen Sie das Knie und drehen Sie es von der Hüfte aus nach außen, sodass die Innenseite Ihres Beins nach oben zeigt. Berühren Sie Ihre innere rechte Ferse mit der linken Hand. Halten Sie den rechten Arm dabei ausgestreckt hoch. Wiederholen Sie die Bewegung mit dem anderen Fuß und Arm. Wechseln Sie zehnmal hin und her und atmen Sie jedes Mal aus, wenn Sie Ihre Hand an die Ferse bringen. Atmen Sie zwischen den Hebebewegungen ein, wenn Sie den Fuß auf den Boden zurückstellen und beide Arme hochgestreckt sind.

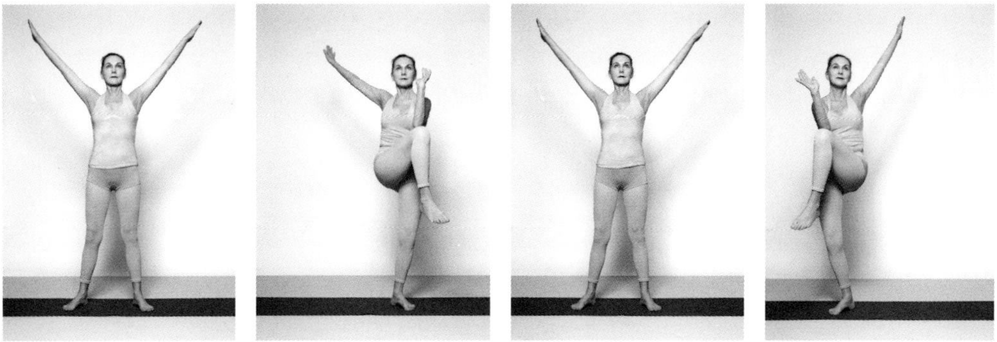

»Leg lifts« mit Drehung: zehn Atemzüge. Beugen Sie Ihr rechtes Knie, heben Sie es hoch und führen Sie es vor dem Körper nach links, während Sie sich gleichzeitig drehen. Beugen Sie mit der Ausatmung den linken Ellenbogen und bringen Sie die Außenseite des linken Ellenbogens gegen die Außenseite des rechten Knies – oder zumindest so nah wie möglich. Wiederholen Sie die Bewegung mit dem anderen Arm und Bein. Wechseln Sie zehnmal hin und her. Atmen Sie zwischen den Hebebewegungen ein, wenn Sie den Fuß auf auf den Boden zurückstellen und beide Arme angehoben sind.

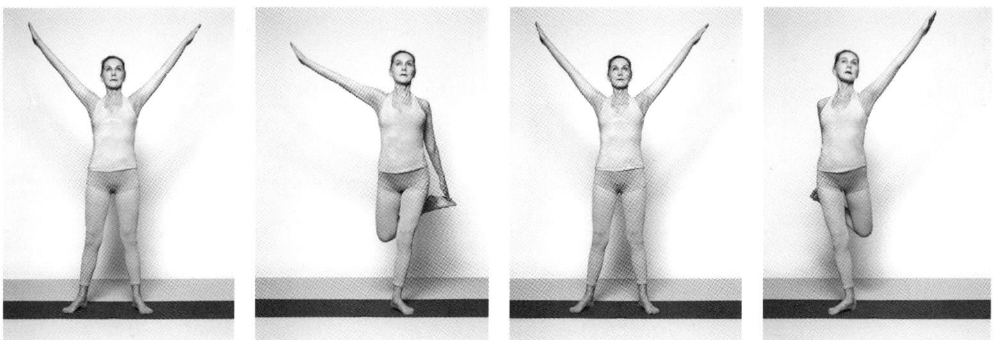

»Leg lifts« nach hinten: 10 Atemzüge. Beugen Sie Ihr rechtes Knie und heben Sie den rechten Fuß nach hinten. Greifen Sie mit Ihrer linken Hand nach hinten und berühren Sie Ihre rechte Ferse. Wiederholen Sie die Bewegung mit dem anderen Fuß und Arm. Wechseln

Sie zehnmal hin und her. Atmen Sie jedes Mal aus, wenn Sie Ihre Ferse mit der Hand berühren. Atmen Sie zwischen den Hebebewegungen ein, wenn der Fuß auf den Boden kommt und beide Arme angehoben sind.

• WOCHE 6 •

DEN WEG FREI MACHEN

KRIYAS

Der Vogel fliegt nach oben, weg von all dem, was ihn nach unten in sinnlose Aktivitäten und unnötige Sorgen zieht, die nichts mit seiner wahren Aufgabe zu tun haben – sich an Gott zu erinnern und liebevoll zu anderen zu sein.

In Woche 6 beginnen wir mit den Kriyas, den Reinigungsübungen aus dem traditionellen Hatha-Yoga-System. Die folgenden beiden Übungen konzentrieren sich auf die Grundlagen der Regulierung von *Prana*, der Lebenskraft. Sie helfen, die feinstofflichen Energiekanäle zu reinigen.

Das traditionelle Yoga spricht von etwa 72 000 energetischen Kanälen (*Nadis*), die durch den Astralkörper laufen und den subtilen mit dem physischen Körper verbinden. Durch dieses Netzwerk unsichtbarer Kanäle fließt Prana und zirkuliert in fünf Richtungen im Körper. Diese fünf »Winde« der Lebensenergie werden *Vayus* genannt und erfüllen verschiedene Funktionen: *Prana Vayu* bewegt sich vom Zwerchfell zum Halsansatz und reguliert Herzschlag, Blutzirkulation sowie die Sprache. *Apana Vayu* fließt vom Nabel abwärts zu den Füßen und kontrolliert das Wasserlassen, den Stuhlgang, den Menstruationsfluss, den Geburtsvorgang und die Ejakulation. *Samana Vayu* besetzt den Raum vom

Nabel bis zum Zwerchfell, wo es wie ein Pendel hin und her schwingt und die Verdauung reguliert. *Udana Vayu* fließt von der Basis des Halses zum oberen Ende des Kopfs und reguliert das Schlucken sowie Husten, Würgen und Schluckauf. *Vyana Vayu* fließt in alle Richtungen und transportiert Prana in jede Körperzelle.

Die Praxis der *Bandhas* (Energieverschlüsse) reinigt zusammen mit Kriyas und Pranayama die feinen Windkanäle. *Uddiyana Bandha* wird nur bei der Ausatmung aktiviert. Der gesamte Bauch wird nach innen und oben zur Brusthöhle hin angehoben, daher die Bedeutung des Sanskrit-Wortes *Uddiyana*: »hochfliegend«. Wichtig zu erwähnen ist, dass Uddiyana keine Bauchkontraktion ist, vielmehr ein intensives Anheben des Zwerchfellmuskels. Das erzeugt ein starkes inneres Vakuum, das die Bauchmuskeln nach innen und oben zieht. Bei korrekter Ausführung wird der Zwerchfellmuskel so hoch angehoben, dass er das Herz umschließt. Durch diesen engen Kontakt der beiden Körperteile wird die Durchblutung verbessert und das Herz gestärkt.

Wenn nach Uddiyana Bandha die Pumpbewegung der Übung *Agni Sara* (Feuerreinigung) hinzugefügt wird, werden die inneren Organe mit dem Zwerchfellmuskel gedrückt und massiert. Dies trägt dazu bei, sie fit und frei von Giftstoffen zu halten. Beide hier beschriebenen Praktiken (Uddiyana Bandha und Agni Sara) erzeugen ein Gefühl des Ausdünnens und Loslassens: Ein Abschied von Dingen, die nicht zu *Bhava* beitragen, dem hingebungsvollen und für den Yogaweg essenziellen Gefühl der Einheit.

DIE ÜBUNG

»Hochfliegender Verschluss« der Bauchdecke *(Uddiyana Bandha)*

Beginnen Sie im Stehen. Ihre Beine sind parallel oder leicht nach außen gerichtet, insgesamt etwas breiter als die Hüften. Atmen Sie einen vollen Atemzug durch die Nase ein und wölben Sie dabei Brust und leicht den Rücken. Während Sie durch den Mund ausatmen, beugen Sie die Knie, legen Sie die Handflächen auf die Oberschenkel, strecken Sie die Arme und heben Sie den Zwerchfellmuskel hoch und unter die Rippen. Dies erzeugt ein Vakuum, das den Bauch nach innen und oben zieht. Ziehen Sie das Kinn zur Brust, halten Sie die Lendenwirbelsäule gerade und schließen Sie die Augen, mit dem Blick sanft nach oben gerichtet.

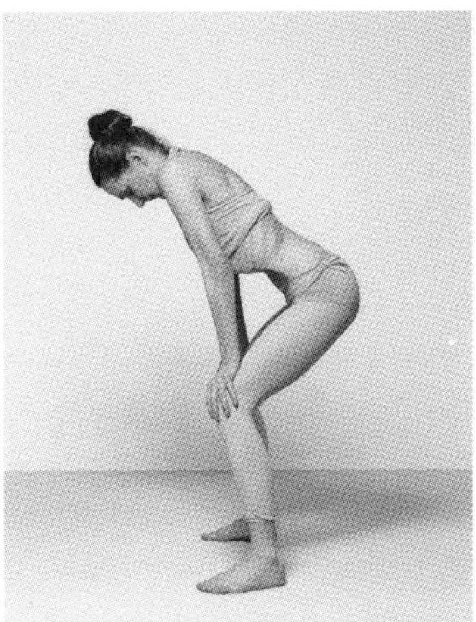

Zählen Sie in der Atempause still bis zehn. Kommen Sie dann wieder in den aufrechten Stand, lösen Sie das Kinn und atmen Sie ein, womit sich das Zwerchfell wieder nach unten bewegt. Das ist die erste Runde. Wiederholen Sie die Übung insgesamt dreimal.

Feuerreinigung *(Agni Sara)*

Beginnen Sie im Stehen. Folgen Sie den Anweisungen für Uddiyana Bandha, aber statt der zehn Zählzeiten langen Atempause pumpen Sie mit schnellen Bewegungen den Bauch, indem Sie den Zwerchfellmuskel zehnmal heben und senken. Wiederholen Sie dies für drei Runden. Während Sie pumpen, sollte der Atem angehalten werden. Zwischen den Runden kommen Sie in den aufrechten Stand, lassen Sie das Kinn los und atmen Sie zum Uddiyana Bandha ein.

• WOCHE 7 •

DEN WEG ERHELLEN

KAPALABHATI

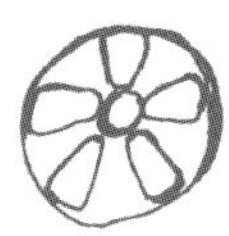

Die Hieroglyphe eines Sterns in einem Kreis kann als Symbol für die Seele gelten, die ewig in der himmlischen Welt scheint. Wie die funkelnden Sterne am Firmament uns den Weg leiten und uns helfen können, wieder nach Hause zu finden, sollen unsere Seelen wie Sterne leuchten und uns helfen, zu unserer wahren Identität zurückzufinden. Jeder von uns ist dazu bestimmt, ein Heiliger zu sein. Darunter verstehe ich, ein Beispiel für Glück und Freude zu sein und den Weg für uns selbst und andere zu erhellen.

In Woche 7 setzten wir die Reinigung mit einer anderen Kriya aus dem traditionellen Hatha-Yoga-System fort. Aus dem Sanskrit übersetzt bedeutet *Kapalabhati* »leuchtender Schädel«. *Kapala* bedeutet »Kopf« und *bhati* »polieren«. Durch regelmäßige Kapalabhati-Praxis wird der Geist von negativen Gedanken gereinigt. Um Ihren Kopf kann strahlende Energie entstehen – der Vergleich mit einem Heiligenschein liegt durchaus nahe.

Die Übung könnte auf den ersten Blick als Methode zur Nasenreinigung und Bauchkräftigung wirken. Wenn wir sie aber als yogische Praxis verstehen – die hilft, das Ego zu verkleinern, uns von selbstbezogenen Tendenzen zu befreien und

Hingabe zu entwickeln –, kann sie vor allem eben das sein. Betrachten Sie dabei jede Ausatmung als Opfergabe an etwas Höheres. Für den Yogi besteht der einzig wahre Schmutz, von dem er sich befreien kann, in *Avidya*, der Unwissenheit über das wahre Selbst. Reinigungspraktiken wie Kapalabhati wurden entwickelt, um den Weg zur Wahrheit zu erhellen und zur Erleuchtung zu finden. Daher ist Kapalabhati bei Weitem nicht nur eine einfache Körperübung, um Schleim aus den Atemwegen loszuwerden. Wenn man sie aus der yogischen Perspektive betrachtet, ist es tatsächlich eine hingebungsvolle Übung, die *Bhakti*, die Liebe zu Gott, erhöht.

Wie passiert das genau? Jedes Mal, wenn Sie ausatmen, bringen Sie Energie aus dem Bereich des Solarplexus, der Stelle des *Manipura Chakras*, nach oben. Dies ist der Ort, an dem sich Ihr individueller Wille oder Ihr Ego befindet. Mit jeder starken Ausatmung wird der Zwerchfellmuskel hoch zum Herzen gezogen, wo er es für einen Bruchteil einer Sekunde tatsächlich umarmen kann. Das *Anahata Chakra* befindet sich im Herzzentrum, dem Ort der Liebe und des Mitgefühls. Erinnern Sie sich daran, dass alles, was Sie ansehen, Ihre Energie erhält. Wenn Sie Ihre physischen Augen schließen und Ihren Blick auf das Dritte Auge (*Ajna Chakra*), den Ort der transzendenten Weisheit, richten, während Sie Energie nach oben holen, wird Ihr Kopf von Helligkeit erfüllt. Durch die Praxis von Kapalabhati ist jeder ausgeatmete Luftzug eine Opfergabe Ihres Egos – mit all seiner Unzulänglichkeit – und strebt empor zu Weisheit und Freude des transzendenten, erleuchteten Selbst.

DIE ÜBUNG

Wir werden zwei Versionen dieser kraftvollen Übung praktizieren. Zunächst die grundlegende Übung.

Kapalabhati: Setzen Sie sich in eine bequeme Position. Wie Sie idealerweise sitzen, erfahren Sie im nächsten Kapitel (Woche 8 – Die Richtung des Wegs: Pranayama), in dem Sie Vorschläge zu geeigneten Sitzhaltungen finden. Für Kapalabhati halten Sie Kopf und Wirbelsäule so aufrecht wie möglich und das Kinn parallel zur Erde ausgerichtet.

Schließen Sie sanft Ihre Augen. Nehmen Sie einen vollen Atemzug durch beide Nasenlöcher, atmen Sie dann scharf aus und heben Sie dabei das Zwerchfell stark an. Stellen Sie sich vor, dass Sie die Luft durch die Nasenlöcher nach oben drücken. Fahren Sie mit starken, langsamen, prägnanten Ausatmungen fort und lassen Sie zwischen jedem Ausatmen den Atem passiv einströmen. Halten Sie während der Übung Ihre Augen geschlossen und schauen Sie nach oben zum Dritten Auge (Ajna Chakra). Auch der Mund ist während der gesamten Übung geschlossen; die Schultern sind entspannt und vollkommen ruhig und bewegen sich nicht mit dem Atem auf und ab. Behalten Sie ein entspanntes Gesicht – keine Augenbrauengymnastik!

Führen Sie drei Runden mit je zehn pumpenden Ausatmungen durch. Bauen Sie zwischen den Runden ein paar entspannende Atemzüge ein, bei denen Sie langsam durch beide Nasenlöcher ein- und ausatmen.

Option (leichter): Wenn Ihnen zehn pumpende Atemzüge schwerfallen, beginnen Sie mit fünf und steigern Sie sich mit der Zeit allmählich auf zehn.

Option (anspruchsvoller): Erhöhen Sie die Anzahl der pumpenden Atemzüge von zehn auf 20 oder 30. Achten Sie jedoch darauf, nicht zu hyperventilieren. Stellen Sie sicher, dass Ihre Atemzüge gleichmäßig, rhythmisch und nicht zu schnell erfolgen.

Kapalabhati-Wechselatmung (Kombination): Diese Version der Kapalabhati-Praxis reinigt und balanciert die linken (*Ida*) und rechten (*Pingala*) Kanäle oder Nadis. Sobald diese Energiewege ausgeglichen sind, kann Prana in den zentralen Kanal (*Sushumna*) fließen und den Aufstieg des Bewusstseins (*Kundalini*) zu höheren Chakras oder Wahrnehmungsebenen erleichtern.

Formen Sie Ihre rechte Hand zum *Vishnu Mudra*, indem Sie den rechten Zeige- und Mittelfinger in Richtung Handfläche biegen und den rechten Daumen und Ringfinger verwenden, um den Atem durch das rechte und linke Nasenloch zu regulieren. Atmen Sie durch beide Nasenlöcher ein, schließen Sie das rechte Nasenloch mit dem rechten Daumen, atmen Sie scharf elfmal durch das linke Nasenloch aus, wechseln Sie dann, schließen Sie mit dem rechten Ringfinger das linke Nasenloch und atmen Sie elfmal scharf durch das rechte Nasenloch aus. Wechseln Sie erneut und reduzieren Sie die Anzahl der Ausatmungen danach absteigend auf 9-7-5-3-1. Wenn Sie bei 1 angelangt sind, atmen Sie elfmal abwechselnd durch beide Nasenlöcher. Das elfte oder letzte Ausatmen sollte durch das linke Nasenloch erfolgen. Lösen Sie Ihre rechte Hand und legen Sie sie entspannt auf dem rechten Oberschenkel ab.

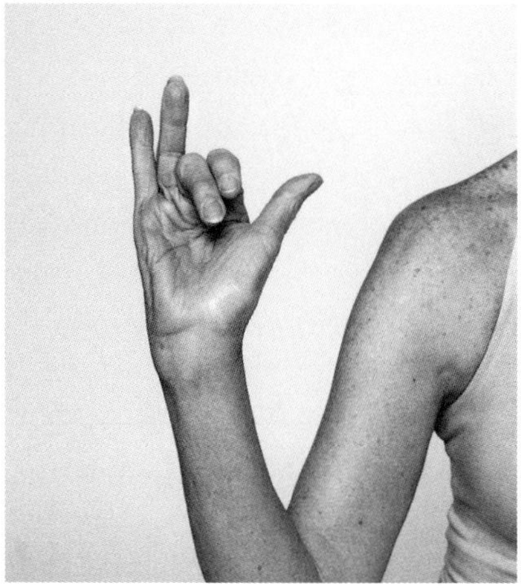

Hinweis: Achten Sie in beiden oben beschriebenen Versionen darauf, dass jedes Ausatmen oder Pumpen ziemlich stark erfolgt – ähnlich wie beim Schneuzen. Vergessen Sie nicht, zwischen den Ausatmungen jedes Mal einzuatmen, und lassen Sie dieses Einatmen passiv und sanft geschehen. Gestalten Sie das Einatmen nicht so stark wie das Ausatmen, sonst besteht die Gefahr, dass Sie hyperventilieren und Ihnen schwindlig wird.

• WOCHE 8 •

DIE RICHTUNG DES WEGS

PRANAYAMA

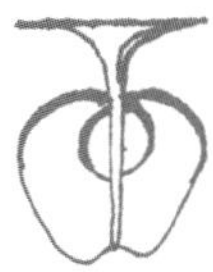

Die Hieroglyphe über diesem Kapitel ist eine abstrakte anatomische Darstellung von Lunge, Herz und Luftröhre. Das Bild soll einen guten Menschen darstellen, der sein Leben auf ideale Weise gelebt hat. Jeder seiner Atemzüge ging von der tiefsten Stelle eines reinen Herzens aus.

In Woche 8 üben wir eine traditionelle Pranayama-Praxis aus dem Hatha-Yoga-System. Wie bereits erwähnt, ist *Prana* die Lebenskraft. *Yama* bedeutet einschränken, kontrollieren oder regulieren. Bei Prana handelt es sich nicht um den Atem, vielmehr kann man durch Atmen diese Lebensenergie erreichen. Prana ist nicht nur in der Luft vorhanden, die wir einatmen, sondern auch als Kraft des Lebens in jeder Körperzelle. Die yogischen Texte sind sich alle einig, dass die bewusste Kontrolle des Atems auch die Regulierung der eigenen Gedanken und damit des ganzen Lebens bewirken kann. Durch Pranayama machen Sie das automatische und damit meist unbewusste Atmen zur bewussten Erfahrung. Und sich vollkommen bewusst zu werden, ist der Weg des Yoga.

Aus der Perspektive der körperlichen Gesundheit betrachtet, erweitern Atemübungen wie Pranayama nicht nur die Lungenkapazität. Weil Harn- und Atmungssysteme zusammenwirken, um einen normalen pH-Wert und ein ausgeglichenes Säure-Basen-Verhältnis im Blut aufrechtzuerhalten, kräftigen sie auch die Nieren. Das ist ein wichtiger Aspekt für unsere Gesundheit, denn wenn unser pH-Wert aus dem Gleichgewicht gerät, ist unser Stoffwechsel – die Fähigkeit, Sauerstoff zu aufzunehmen, Energie aus der Nahrung zu gewinnen und die Abfallprodukte auszuscheiden – aus der Balance. Eine solche metabolische Störung kann zu vielen Problemen beitragen, darunter nervöse Anspannung, Müdigkeit, Asthma, Verstopfung, Gewichtszunahme und vorzeitige Alterung. Die Fähigkeit, die Atmung durch Pranayama-Übungen zu regulieren, kann sich ungemein positiv auf Ihre allgemeine Gesundheit auswirken. Je länger Sie praktizieren, desto mehr Anmut und Leichtigkeit entwickeln Sie und letztendlich werden Sie sich im eigenen Körper wohler fühlen.

Der erste Schritt zur Verbesserung der Atmungsqualität ist die Anpassung der Ernährung. Uralte Schriften wie die *Hatha Yoga Pradipika*, in der die Techniken des Pranayama erklärt werden, empfehlen, dass die Praktizierenden vor dem Üben von Pranayama ihre Ernährungsweise überprüfen sollten. In der yogischen Sichtweise besitzen »reine« Speisen die Qualität von *Sattva* (Leichtigkeit). Das Essen, das ein Yogi konsumiert, sollte demnach leicht verdaulich sein und aus möglichst hochwertigen, unbehandelten, »reinen« Lebensmitteln bestehen. Dem kommt eine vegane Ernährung, die aus Früchten, Gemüse, Nüssen und Getreide – natürlich aus Bio-Anbau – besteht, am nächsten. Auf dem Speiseplan eines Yogis haben tamasische (schwere) Nahrungsmittel wie Fleisch und Milchprodukte keinen Platz.

Das Erste, was wir tun, wenn wir in diese Welt kommen, ist einzuatmen, und das Letzte, was wir beim Abschied von ihr tun werden, ist auszuatmen. Zwischen diesen zwei Zeitpunkten spielt sich unser Leben ab. Leicht atmen zu können bedeutet, mit dem Leben zufrieden zu sein. Die Pranayama-Praxis hilft Ihnen dabei, die berühmte »Leichtigkeit des Seins« zu entwickeln – sich in Ihrer eigenen Haut und mit allem, was Ihnen in Ihrem Leben begegnet, wohlzufühlen.

DIE ÜBUNG

Es gibt unzählige Pranayama-Variationen, die grundsätzlich in die gleichmäßige oder ungleichmäßige Regulierung des Atems unterteilt werden. Wir werden uns auf eine Übung des gleichmäßigen Atmens, *Samavritti Pranayama*, konzentrieren. *Sama* bedeutet »gleich«, *vritti* bedeutet »Schwankung« oder »Bewegung«, und so bedeutet Samavritti »gleichmäßige Schwankungen« oder »Ausgleich der Bewegung«. Wenn wir beim *Pranayama* also die Lebenskraft lenken, regulieren wir in Samavritti Pranayama die Lebenskraft, indem wir die vier Teile des Atems ausgleichen. Diese sind: die Einatmung (*Puraka*), die Beibehaltung der Einatmung (*Antar Kumbhaka*), die Ausatmung (*Rechaka*) und die Beibehaltung der Ausatmung (*Bahya Kumbhaka*).

Um Prana effizient einsetzen zu können, enthält die Pranayama-Praxis zudem den Einsatz der Bandhas. *Bandha* bedeutet »Verschluss«. *Mula Bandha* (Wurzelverschluss) ist das erste Bandha, das der Yogi meistern kann. Auf der körperlichen Ebene kann Mula Bandha als Kontraktion des Beckenbodens, kombiniert mit starkem energetischen Anstieg, beschrieben werden. Männer können dies fühlen, indem sie den Bereich zwischen dem Anus und den Genitalien kontrahieren. Frauen können Mula Bandha spüren, wenn sie die Vaginalwände zusammen-, ein- und hochziehen. *Jalandhara Bandha* bedeutet »Wolkenfänger-Verschluss«. Physikalisch besteht es aus dem Heben der Brust, sodass das Kinn in der Vertiefung zwischen den Schlüsselbeinen ruht. *Uddiyana Bandha* wurde bereits in Woche 6 erklärt (siehe Seite 61). Wie immer in der Yogapraxis besteht die höchste Anwendung der Bandhas darin, sie der Erleuchtung zu widmen – dem festen »Verschluss« mit Gott.

Wichtig ist, dass Sie beim Pranayama bequem und aufrecht sitzen. In der Hatha Yoga-Tradition werden die folgenden Schneidersitz-Positionen für Pranayama und Meditation empfohlen: *Padmasana*, *Ardha Padmasana*, *Siddhasana* und *Sukhasana*. Es ist hilfreich, auf einem Kissen oder einer gefalteten Decke zu sitzen, sodass keine Spannung in der Leistengegend oder im unteren Rücken entsteht. Auch die Knie können Sie mit gefalteten Decken unterstützen. Die Sitzhöhe sollte immer höher als die Lage der Knie sein.

Padmasana (Lotussitz) entsteht, indem der rechte Fuß so nah wie möglich am Becken auf den linken Oberschenkel gelegt wird. Heben Sie dann den linken Fuß und legen Sie ihn auf den rechten Oberschenkel, ebenfalls so nah wie möglich am Becken. Beide Fußsohlen zeigen idealerweise nach oben.

Um in *Ardha Padmasana* (halber Lotussitz) zu sitzen, beginnen Sie im Schneidersitz und platzieren den rechten Fuß auf dem linken Oberschenkel, dann den linken Fuß unter dem rechten Bein.

Siddhasana (vollendeter Sitz) entsteht durch Drücken der linken Ferse gegen das Perineum oder die Vaginalöffnung und das Einklemmen der linken Zehen zwischen der Wade und dem Oberschenkel des rechten Beins. Anschließend wird die rechte Ferse auf die linke Ferse gesetzt und eingeklemmt, die rechten Zehen zwischen Wade und Oberschenkel des linken Beins.

Um in *Sukasana* (einfacher Sitz mit gekreuzten Beinen) zu sitzen, breiten Sie zunächst eine Decke oder ein Kissen unter Ihrem Gesäß und Ihren Füßen aus, damit Sie eine gepolsterte Fläche erhalten. Kreuzen Sie Ihre Beine an den Knöcheln oder Schienbeinen. Legen Sie eine oder mehrere Unterstützungen unter Ihr Gesäß, sodass Ihre Knie sanft auf die Unterlage fallen können. Wenn Ihre Knie in der Luft hängen, platzieren Sie zusätzliche Polster unter jedem Knie.

Wenn Sie es vorziehen, mit parallelen Beinen kniend zu sitzen anstatt mit gekreuzten Beinen, setzen Sie sich in *Virasana* oder *Vajrasana*. Um in *Virasana* (Heldensitz) zu sitzen, knien Sie sich zuerst hin, bringen dann beide Knie zusammen und streifen mit den Händen die Haut der Unterschenkel in Richtung Füße sowie leicht nach außen. Lassen Sie sich schließlich auf einem Kissen, einer gefalteten Decke, einem Handtuch oder einem Block nieder. Ihre Füße sollten parallel und neben Ihren Hüften mit den Sohlen nach oben zeigen. Für *Vajrasana* (Diamantsitz) sitzen Sie im Knien auf den Innenseiten beider Füße, wobei eine der großen Zehen über der anderen liegt.

Wenn keine dieser traditionellen Positionen für Sie möglich ist, setzen Sie sich auf einen Stuhl. Er sollte nicht zu weich sein, eine gerade Rückenlehne und keine Armlehnen haben. Kreuzen Sie in diesem Fall nicht die Beine. Halten Sie Beine und Füße parallel zueinander und stellen Sie sicher, dass Ihre Füße den Boden berühren. Wenn sie ihn nicht erreichen, legen Sie einen Block, eine Kiste oder ein Buch unter sie. Anfangs können Sie sich getrost anlehnen, aber je mehr Sie üben, desto größer wird die Kraft, die es Ihnen ermöglicht, mit langer Wirbelsäule aufrecht zu sitzen und auf die Unterstützung zu verzichten.

Nachdem Sie einen Sitz gewählt haben, in dem Sie bequem einige Zeit verbringen können, beginnen Sie, bewusst und stetig durch Ihre Nase ein- und auszuatmen. Jetzt können Sie mit der Übung beginnen.

Nach dem Ausatmen durch beide Nasenlöcher setzen Sie Mula Bandha und formen sie mit der rechten Hand das Vishnu Mudra. Schließen Sie das rechte Nasenloch mit dem Daumen. Atmen Sie acht (leise) Zählzeiten durch das linke Nasenloch. Schließen Sie das linke Nasenloch mit dem Ringfinger, sodass beide Nasenlöcher geschlossen sind. Halten Sie den Atem acht Zählzeiten lang und setzen Sie zusätzlich Jalandhara Bhanda. Halten Sie die Bandhas und heben Sie den Daumen. Atmen Sie acht Zählzeiten durch das rechte Nasenloch aus. Schließen Sie beide Nasenlöcher und verweilen Sie erneut acht Zählzeiten in der Atempause. Heben Sie den Daumen und atmen Sie acht Zählzeiten in das rechte Nasenloch. Schließen Sie beide Nasenlöcher und halten Sie den Atem acht Zählzeiten an. Heben Sie den Ringfinger an und atmen Sie auf acht durch das linke Nasenloch aus. Schließen Sie beide Nasenlöcher und halten Sie den Atem erneut acht Zählzeiten lang an. Das ist das Ende der ersten Runde. Weitere sieben folgen.

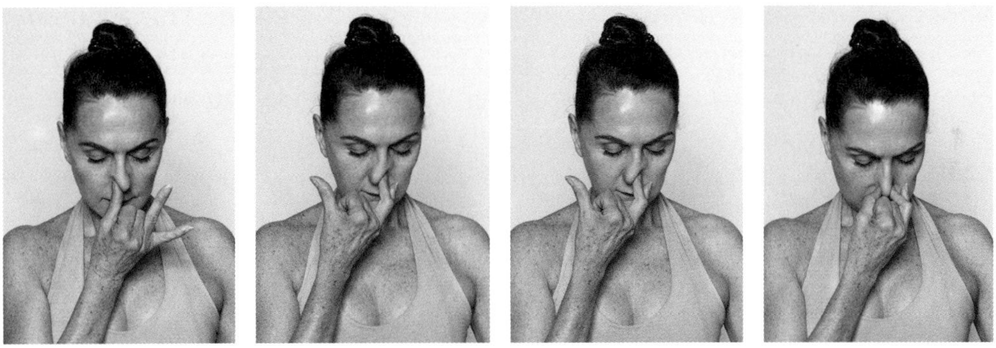

Achten Sie darauf, in allen vier Abschnitten des Atems Mula Bandha und Jalandhara Bandha zu halten – während Sie einatmen, während Sie die Einatmung beibehalten, während Sie ausatmen und während Sie die Ausatmung beibehalten, also den Atem anhalten. Setzen Sie in dieser letzten Phase zusätzlich Uddiyana Bandha. Während die rechte Hand das Vishnu Mudra formt und die Nasenlöcher öffnet und schließt, können Sie die linke Hand einsetzen, um die sieben

Runden an Ihren Fingern abzuzählen. Denken Sie dabei daran, immer mit dem linken Nasenloch zu beginnen und zu enden.

Option 1 (leichter): Zählen Sie anstatt auf acht zunächst auf zwei. Erhöhen Sie dann allmählich auf vier und dann auf acht.

Option 2 (mit Mantra): Anstatt lautlos zu zählen, können Sie ein stilles Sanskrit-Mantra rezitieren, zum Beispiel das achtsilbige »*Shri Krishna Sharanam Mama*«. Oder wählen Sie einen positiv bestärkenden Satz wie »Mögen alle frei und glücklich sein« oder »Möge Frieden in der Welt sein«.

Option 3 (anspruchsvoller): Verwenden Sie das *Kechari Mudra*: Rollen Sie die Zunge ein und drücken Sie sie gegen den Gaumen. Halten Sie sie während der gesamten Pranayama-Übung dort.

Option 4 (mit Visualisierung): Visualisieren Sie in jeder der sieben Runden der Pranayama-Praxis die sieben Hauptchakras – die Tore zur Wahrnehmung – und ihre entsprechenden Farben. Dabei bewegen Sie sich von der Wurzel zur Kopfkrone. Beginnen Sie mit der ersten Runde, atmen Sie in das linke Nasenloch ein, lenken Sie Ihr Prana an die Stelle des *Muladhara Chakra* an der Basis der Wirbelsäule und stellen Sie sich eine pulsierend leuchtende, rote Kugel vor. Konzentrieren Sie sich weiterhin in allen vier Teilen des Atems auf das *Muladhara Chakra*. Üben Sie eine volle Runde und konzentrieren Sie sich dann auf das nächste Chakra. Bewegen Sie sich in dieser Reihenfolge von der Wurzel zur Krone und konzentrieren Sie sich in jeder Runde auf das Chakra und seine entsprechende Farbe. Spüren Sie, wie Sie zu Beginn jeder Runde einen dunklen Raum mit Licht füllen, in dem die Farbe des Chakras pulsiert.

1. Muladhara (Basis der Wirbelsäule): rot

2. Swadhisthana (unterhalb des Nabels): orange

3. Manipura (am Solarplexus): gelb

4. Anahata (Herzgegend): grün
5. Vishuddha (Hals): blau
6. Ajna (zwischen den Augenbrauen): violett
7. Sahasrara (über dem Kopf schwebend): blendend und klar wie die Farbe von Diamanten

• WOCHE 9 •

AUF DEM WEG SEIN

MEDITATION

Die Hieroglyphe der Biene steht sowohl für das Tier selbst als auch für Honig und ist damit ein geeignetes Symbol für die Meditation. Das Üben der Konzentrationsfähigkeit erfordert Mühe. Als Ergebnis dieser Bemühung entsteht voller Anmut Meditation, ein Zustand der süßen Stille. Mein Lehrer Swami Nirmalananda sagte oft: »Unsere Hauptaufgabe ist es, die Gedanken zu überwinden. Gedanken verursachen alle möglichen Probleme. Das wahre Selbst hat keine Probleme.«

Jeder möchte frei von Problemen sein und sich selbstsicher und glücklich fühlen. Das dazu nötige wahre Selbstvertrauen kommt von der Verbindung mit dem unveränderlichen ewigen Selbst, dem Atman. Die Anhaftung an die Bewegungen des Geistes führt zu einem Mangel an Selbstvertrauen. Falsches Vertrauen beruht auf Stolz und Arroganz, die wiederum in Angst begründet sind, nicht in der Glückseligkeit der Seele. Ein sich ständig verändernder Geist kann niemals Ruhe, Stabilität und beständiges Glück erreichen. Er greift immer nach den materiellen Objekten der äußerlichen Welt. Im Sutra »*Yogash chitta vritti nirodha*« (Patanjali, *Yoga Sutras,* 1,2) erklärt Patanjali, dass Yoga entsteht, wenn wir aufhören, uns mit unseren Gedanken zu identifizieren, wenn wir die Schwankungen unseres Geistes loslassen können. Um Seelenfrieden zu erfahren, sollten wir einen Weg finden, jeden Tag einige Momente lang frei von Gedanken zu sein.

Diese Freiheit gibt uns die Meditation, indem sie uns mit der ewigen, unveränderlichen Realität in uns selbst verbindet. Aber erwarten Sie nicht, Ihren Geist völlig von Gedanken befreien zu können. Es liegt in seiner Natur und ist seine Aufgabe, unaufhörlich zu denken. Das Ziel der Meditation ist nicht, Ihren Geist zu »leeren«. Ziel ist es, die Gedanken des Geistes loslassen zu können und nicht in jeden aufkommenden Gedanken hineingezogen zu werden. Über Meditation entsteht die Tugend von *Sama*, was »Beruhigung« bedeutet und daher die *Chitta*, die Wirrungen des Geistes, transformieren kann. Sama ermöglicht, in allen Arten von Trubel ruhig, still und gelassen bleiben zu können. Durch die Beständigkeit von Sama können Sie Ihren Geist nach jeder Ablenkung an einen Ort des Gleichmuts zurückbringen. Erfahrene Übende wissen, wie sie diesen inneren Zustand – ihr *Chitta Prasadanam* oder den »gesegneten Geist« – durch Meditation schützen und bewahren können.

Wenn wir tief schlafen, sind wir frei von Gedanken. Da in diesem Zustand keine schnellen Augenbewegungen (»Rapid Eye Movement«) stattfinden, folgern Wissenschaftler, dass tief Schlafende nicht denken. Im Tiefschlaf befinden sie sich jenseits von Gedanken und sind so frei von Problemen. Der Trick besteht darin, dies auch im wachen Zustand zu können: Das ist Meditation oder, in Sanskrit, *Dhyana*.

Meditation entsteht mühelos und auf anmutige Weise. Wir können uns nicht dazu zwingen. Aber damit sie passiert, müssen wir uns bemühen, die Aufmerksamkeit zu fokussieren. Um meditieren zu können, müssen wir zuerst *Dharana* (Konzentrationsfähigkeit) entwickeln. Der Schlüssel dazu liegt in der Regelmäßigkeit. Mit anderen Worten: Üben Sie jeden Tag, am besten zur gleichen Zeit und am gleichen Ort. Mit der Zeit wird es Ihnen immer besser gelingen. Ich verspreche Ihnen: Wenn Sie dabeibleiben, wird es eine Zeit geben, in der Sie sich auf die Meditation freuen, weil sie gut für Sie ist, nicht weil Sie sie als Pflicht sehen.

In der Meditationspraxis geht es darum, sich an einen Ort zu begeben, an dem Sie die Identifikation mit Ihren Gedanken reduzieren und innerlich eine ruhige, weitläufige Realität erfahren. Meditation ist die Übung, Ihren Geist zu fokussieren, Ablenkungen loszulassen und die Aufmerksamkeit immer wieder zurück zum gewählten Fokusobjekt zu lenken. Dabei kann ein Mantra eine Schlüsselkomponente sein, weil es dem unruhigen Geist etwas zu tun gibt und dadurch ein Anker gesetzt wird.

Es gibt viele Arten zu meditieren und so auch Tausende von Methoden und Stilen, die im Lauf der Jahrhunderte von verschiedenen religiösen und spirituellen Traditionen überliefert wurden. Grundsätzlich zielen alle Formen darauf ab, dass der Praktizierende seine Gedanken beobachten und loslassen kann. Was die Methoden voneinander unterscheidet, ist das Objekt der Fokussierung. Zielpunkt kann der Atem sein, eine Visualisierung, ein Körperteil, ein Chakra, ein inneres Licht oder ein äußeres Objekt wie eine Kerze oder das Bild eines Gottes, einer Göttin oder eines Heiligen. Es gibt auch Formen der Meditation, bei denen es kein Objekt gibt, auf das man sich konzentrieren kann. Stattdessen hält man die Aufmerksamkeit offen und ist gleichsam Zeuge seiner eigenen Erfahrung (wie in der Vipassana-Meditation). Die beste Art der Meditation ist die, mit der Sie Ihren Geist beruhigen können. Im Jivamukti Yoga schlagen wir eine Mantra-Meditation vor, mit dem Mantra »Lass los« als Fokus.

Diese Art zu meditieren hat sich für mich ganz organisch entwickelt. Als ich 18 Jahre alt war und in Seattle, Washington, die Highschool besuchte, ging ich in einen Vortrag über Meditation. Der Sprecher präsentierte eine Diashow und zeigte verschiedene Bilder von hektischen Großstadtmenschen, die sich mit Naturszenen, einsamen Seen, Sonnenuntergängen und weiten, offenen Feldern abwechselten. Er sagte uns, dass der Geist eines Meditierenden ruhig und friedlich und dass dieser yogische Geisteszustand der natürliche Zustand eines Menschen sei. Er erklärte, dass Gedanken diesen natürlichen Zustand stören und dass man sie durch Meditation überwinden könne. Sein Vortrag war sehr inspirierend. Auf dem Nachhauseweg wurde mir jedoch klar, dass er uns keinen Meditationsunterricht erteilt, sondern nur über die Resultate der Meditation referiert hatte. Trotzdem war ich motiviert weiterzumachen und beschloss, es selbst zu versuchen. Ich setzte mich allein in mein Zimmer, schloss meine Augen und versuchte zu meditieren. Natürlich bombardierte mich sofort ein Gedanke nach dem anderen. Sogar »körperliche« Gedanken begannen, ihre Ansprüche anzumelden – meine Nase fing an zu jucken, mein unterer Rücken schmerzte und mein rechtes Knie fühlte sich an, als ob es explodieren würde. Was nun? Ich fing an, mit mir selbst zu reden und sprach immer wieder die Worte »Lass los«. Ich blieb dabei und das Loslassen-Mantra begann sich ganz natürlich auf meinen Atem einzuschwingen.

Bei der Einatmung sagte ich: »Lass«, bei der Ausatmung »los«. Meine Aufmerksamkeit wurde vollständig absorbiert – so sehr, dass während dieses ersten Versuchs eine Stunde wie im Flug vergangen war. Seither habe ich es jeden Tag zu meinem Projekt erklärt, das Loslassen zu üben. Zuerst machte ich es, um mich vorzubereiten, während ich nach einem »richtigen« Meditationslehrer suchte, aber im Lauf der Jahre wurde es zur festen Übung. Jetzt, über 40 Jahre später, unterrichte ich andere darin.

Die Kraft der Meditationspraxis reicht weit über die eigentliche Zeit hinaus, in der Sie jeden Tag meditierend sitzen. So kann das Mantra »Lass los« auch in konkreten Situationen helfen. Versuchen Sie es, wenn Sie sich in einem Konflikt am Arbeitsplatz befinden oder zu Hause ein Familienmitglied Ihre Geduld auf die Probe stellt. Wenn Sie feststellen, dass Ihr Geist seine Gelassenheit verliert und Sie kurz davorstehen, mit einem verärgerten Kommentar zu reagieren, erinnern Sie sich an das Mantra und sagen Sie sich still: »Lass los.« Sofort werden Sie den positiven Effekt spüren: Sie bleiben ruhig, neutral, »cool« und können dann einfach besser mit der Situation umgehen. In Situationen wie diesen tragen Sie die Wirkung der Meditation vom Übungskissen in die Welt.

Es gibt nicht viel, was man braucht, um Meditation zu üben, außer einer Methode und einem Platz zum Sitzen. Die Art zu sitzen spielt eine Rolle, weil Sie nicht wollen, dass Unbequemlichkeit Ihren Fokus ablenkt. Um in der Lage zu sein, Ihren Geist zu beruhigen und über die Gedanken hinauszugehen, ist es also hilfreich, einen guten, komfortablen Sitz zu finden, der quasi mit Ihnen arbeitet. Wir alle kennen die klassischen Bilder von Yogis, die in perfekter Lotushaltung sitzen; auch alte Schriften wie die *Hatha Yoga Pradipika* legen nahe, dass die beste Haltung für die Meditation Padmasana ist. Aber was, wenn Sie Ihre Beine nicht auf diese Weise kreuzen können? Ist Meditation dann überhaupt möglich? Aber sicher. Wie bereits in Woche 8 (Die Richtung des Wegs: Pranayama) erwähnt, gibt es verschiedene Sitzhaltungen. Sogar auf einem Stuhl zu sitzen ist völlig akzeptabel. Vielleicht kann auch Kapitel 10 meines Buchs mit David Life, *Yoga der Befreiung* (Via Nova Verlag, 2010), hilfreich sein. Dort finden Sie Bilder von mehreren sitzenden Asanas, die sich für die Meditationspraxis eignen.

DIE ÜBUNG

Drei Schritte:
1. Wählen Sie Ihren Sitz.
2. Kommen Sie zur Ruhe.
3. Fokussieren Sie sich.

1. **Wählen Sie Ihren Sitz.** Nehmen Sie eine bequeme Sitzposition ein, vielleicht sogar an der Wand oder auf einem Stuhl. Wichtig ist, dass die Wirbelsäule senkrecht zur Erde steht. Wenn Sie auf dem Boden sitzen, können Sie die Position erhöhen, indem Sie auf einem Kissen oder einer gefalteten Decke sitzen. Die Haltung sollte ermöglichen, für die Dauer der Übung ruhig zu verweilen. Wählen Sie also keine zu anspruchsvolle Haltung.

   Beginnen Sie damit, Ihre Füße, Beine und Hüften in die bequemste verfügbare Position zu bringen. Entspannen Sie sich und bringen Sie Leichtigkeit in Ihre Haltung. Fühlen Sie, wie Ihr Sitz Sie mit dem Boden verbindet. Geben Sie sich der Schwerkraft hin, die auf Sie wirkt. Wenn Sie sich diese abwärts gerichtete Kraft bewusst machen, fühlen Sie gleichzeitig aufrichtende Energie, die sich durch Ihre Wirbelsäule und Ihren Oberkörper bewegt – eine Art Schwebezustand.

   Entspannen Sie Ihre Hände und legen Sie sie bequem auf die Knie. Die Handflächen zeigen nach oben oder unten oder ruhen im Schoß. Legen Sie in letzterem Fall Ihre aktive Hand auf die andere Hand, beide Handflächen zeigen nach oben. Entspannen Sie Arme und Schultern. Fühlen Sie, dass Ihr Nacken weicher und länger wird. Entspannen Sie Ihr Gesicht und schließen Sie sanft die Augen. Lassen Sie Ihr Kinn der Schwerkraft Richtung Boden folgen und geben

Sie Kiefer und Zunge frei. Entspannen Sie Lippen, Wangen, Nase, Augen, das Innere der Nase und den Raum hinter den Augen, Augenbrauen und Stirn. Lassen Sie den vorderen Teil Ihres Gehirns leicht zurück in den Schädel gleiten. Entspannen Sie die Kopfhaut. Gehen Sie durch jeden Teil des Körpers und passen Sie alles Notwendige an den für Sie optimalen Sitz an.

2. **Kommen Sie zur Ruhe.** Sobald Sie Ihren Platz gewählt haben, zweifeln Sie nicht mehr daran. Bewegen Sie Ihren Körper nicht und lassen Sie keinen Drang zum Zappeln oder neuerlichem Angleichen der Position zu. Unsere normale Reaktion auf etwas Unbequemes ist, die Situation aufzulösen. Wenn Sie zulassen, dass Ihr Körper in Ruhe ist, überwinden Sie Ihre normalen, gewohnten Wege, mit Unwillkommenem umzugehen. Der positive Effekt ist hier, den zersplitterten Geist, der sich in alle Richtungen ablenken lässt, auf einen Fokus hin auszurichten.

3. **Fokussieren Sie sich.** Ein Mantra hilft Ihnen, sich zu fokussieren. Wiederholen Sie leise mit jedem Atemzug »Lass« (Einatmung) und »los« (Ausatmung). Versuchen Sie nicht, auf besondere Weise zu atmen. Atmen Sie nicht aktiv, sondern lassen Sie zu, »geatmet zu werden«, während Sie als nicht urteilender Beobachter (*Sakshi*) zuschauen. Werden Sie quasi zum Zeugen der Atmung. Lassen Sie ihn kommen und gehen. In kurzer Zeit werden sich Ihre Gedanken mit dem Fluss des Atems in Einklang bringen. Der Atem kommt in den Körper, wie ein Gedanke in den Geist kommt. Lassen Sie diesen Gedanken durch Ihren Verstand hindurchgehen, ähnlich wie der Atem durch Ihren Körper läuft. Erlauben Sie auf diese Weise die Entstehung einer kontinuierlichen Bewegung. Lösen Sie dabei sich von der Identifikation mit Körper und Geist, indem Sie jeden Atemzug und jeden Gedanken loslassen.

Zur Ermutigung: Während der Übung können Sie durchaus Ihre Konzentration verlieren, abgelenkt werden oder sich in Gedanken verstricken. Das ist völlig normal. Wenn Ihnen bewusst wird, dass dies geschehen ist, bringen Sie

Ihre Aufmerksamkeit sanft auf das Mantra zurück und konzentrieren Sie sich darauf, jeden Atemzug und jeden Gedanken kommen und gehen zu lassen. Mit jedem Loslassen beginnt der Geist, zurück zu seiner Quelle zu gehen, dieselbe Quelle, in die sich unser Bewusstsein im Tiefschlaf zurückzieht. Aber anders als Schlafende sind Meditierende hellwach und sich dessen bewusst. Er oder sie ist Zeuge davon. Durch die Sichtweise des Sakshi, des Zeugen, lassen Sie alles Unbeständige los – all das, dessen Natur es ist, sich zu bewegen und zu verändern. Was bleibt, ist das unveränderliche, ewige Selbst: der innewohnende Atman, jenseits von Körper und Geist. Indem Sie loslassen, lassen Sie Gott zu.

Seien Sie geduldig. Erwarten Sie keine Ergebnisse über Nacht. Meditation erfordert kontinuierliche Praxis über einen langen Zeitraum. Aber wenn Sie sich aufrichtig für die Praxis engagieren, werden sich die Ergebnisse auf ganz natürliche Weise einstellen.

WIE LANGE SOLLTEN SIE PRAKTIZIEREN?

Option 1 (leichter): Verwenden Sie einen Timer und stellen Sie ihn zum Einstieg in die Meditation zunächst auf fünf Minuten ein. Versuchen Sie, diese Zeitspanne zu meistern, und erhöhen Sie sie dann in kleinen Schritten – beispielsweise jede Woche um eine Minute, bis Sie bequem sitzen und das Mantra »Lass los« 20 bis 30 Minuten lang leise wiederholen können.

Option 2 (traditioneller): Verwenden Sie eine Mala (Gebetskette, Rosenkranz), um die Zeit in der Meditation nachvollziehen zu können. Entscheiden Sie sich vorher, wie viele Runden Sie machen wollen, und bleiben Sie dann bei dieser Zahl. Nehmen Sie sich zum Beispiel vor, dass Sie genau in der Zeit meditieren wollen, in der Sie einmal um die Mala gehen und jede Perle zwischen Daumen und Ringfinger der rechten Hand gleiten lassen, während Sie still das Mantra »Lass los« wiederholen. Benutzen Sie zum Bewegen der Perlen immer die rechte Hand. Die linke Hand ruht währenddessen entweder in Ihrem Schoß oder auf Ihrem linken Oberschenkel.

Option 3 (mit Mantra): Rezitieren Sie ein Mantra, das den Namen Gottes enthält. Die aus der Mystik stammenden Mantras, die den Namen Gottes in ihrer Formel tragen, wirken wie magische Zaubersprüche, um Sie aus der irdischen Welt in einen Bereich von *Lila* zu bringen – eine parallele, göttliche Dimension, in der spielerische Glückseligkeit vorherrscht. Der Name Gottes ist dasselbe wie Gott. Wenn Sie also Gottes Namen aussprechen, bringen Sie Gott in Ihre Gegenwart.

Mantras haben keine konventionelle Bedeutung. In und mit ihnen schwingt *wesentliche* Bedeutung. Sanskrit-Mantras werden als Ausdruck göttlichen Bewusstseins verstanden. Sie gelten als subtile Formen von Gott. Sie zu rezitieren bietet also Gelegenheit, mit Gott und damit einer bestimmten Realität in Verbindung zu treten. Die bloße Wiederholung eines Mantras wird jedoch nicht notwendigerweise eine spirituelle Wirkung haben. Traditionell gibt ein qualifizierter Lehrer – jemand, der die Macht des Mantras persönlich erfahren hat – einem Schüler ein Mantra, wodurch das Mantra an Kraft gewinnt. Aber es schadet nichts (aber kann viel nutzen), wenn man ein Mantra rezitiert, bevor man bereit ist, einen Lehrer um Initiation zu bitten.

Einige Sanskrit-Mantras eignen sich besonders zum Einstieg: das dreisilbige *Hari Om*, mit *Hari* zur Einatmung und *Om* zur Ausatmung; das sechssilbige *Om Namah Shivaya*, mit *Om Namah* zur Einatmung und *Shivaya* zur Ausatmung; das achtsilbige *Shri Krishna Sharanam Mama*, mit *Shri Krishna* zur Einatmung und *Sharanam Mama* zur Ausatmung sowie das 16-Wort-Mantra *Hare Krishna Hare Krishna / Krishna Krishna Hare Hare / Hare Rama Hare Rama / Rama Rama Hare Hare*, mit *Hare Krishna Hare Krishna* zur Einatmung, *Krishna Krishna Hare Hare* zur Ausatmung, *Hare Rama Hare Rama* zur Einatmung und *Rama Rama Hare Hare* zur Ausatmung. Das jeweilige Mantra muss jedoch nicht unbedingt zwischen Ein- und Ausatmung aufgeteilt werden. Sie können das ganze Mantra beim Ein- sowie beim Ausatmen wiederholen. Sie können auch ganz davon absehen, Ihren Atem mit dem Mantra zu koordinieren, und es stattdessen innerlich wirken zu lassen, während Sie stillsitzen und zuhören, wie das Mantra von selbst klingt.

Traditionell benutzten Yogis eine Mala als Meditationswerkzeug, um die Zählzeiten des Mantras zu verfolgen. Jede Perle zu halten und dabei ein Mantra zu rezitieren, wird *Japa*-Meditation genannt. *Japa* bedeutet »Mantra-Wiederholung«;

dabei dient die Mala zur Aufrechterhaltung Ihres Fokus. Am Ende der Mala gibt es vielleicht eine Quaste oder eine größere Perle, traditionell »Guru« genannt. Über sie sollte niemals hinweggegangen werden. Vielmehr sollte die Mala umgedreht und vom anderen Ende wieder angefangen werden. Üblicherweise bestehen Malas aus 108 Perlen (ohne die Guru-Perle) oder einer Teilung dieser Zahl, zum Beispiel 54, 27 oder 18. Gehen Sie so viele Runden durch die Mala, wie Sie sich Zeit nehmen können oder wollen.

• WOCHE 10 •

LOSLASSEN

ENTSPANNUNG

Im alten Ägypten gab es großes Interesse am Leben nach dem Tod. Das Käfersymbol des Skarabäus ist mit Tod und Auferstehung verbunden. Es weist auf die Bewegung der Sonne über den Himmel und damit den Weg der Seele durch Leben und Tod. Die Art, in der die Ägypter ihre Toten aufbahrten, ähnelt Shavasana, oftmals mit einem Skarabäus versehen, der das Herz schützt.

Das Erfolgsgeheimnis im Yoga ist es, die positive Wirkung, die Sie durch Ihre Anstrengung erreicht haben, nicht für sich selbst zu behalten, sondern sie stattdessen zu verschenken. Shavasana bedeutet »Totenstellung«. Es ist eine Praxis der Tiefenentspannung, die eigentlich darauf ausgelegt ist, uns auf den Tod vorzubereiten, den Körper loszulassen. Wenn Sie sie täglich praktizieren, werden Sie zweifellos besser auf den Tod vorbereitet sein, aber auch in der Lage, entspannter mit dem Leben umzugehen. Die Übung, die hilft, die Angst vor dem Tod zu überwinden, kann also der Schlüssel für ein Leben voller Gnade sein.

In diesem Zusammenhang spricht Patanjali von *Abhinivesha*, der Angst vor dem Tod, als einem der fünf *Kleshas* oder Hindernisse für Yoga. Die Angst vor dem Tod ist, wie auch alle anderen Ängste, die Furcht vor Verlust. Ohne die

Zuflucht im Spirituellen ist es sehr schwierig, die Angst vor dem Tod und dem Verlust unseres Lebens sowie unseres Körpers zu überwinden. Regelmäßiges Üben tiefer Entspannung mindert unsere Identifikation mit dem Körper und führt zu Furchtlosigkeit.

Sich zu entspannen bedeutet, empfänglich zu werden. Wenn Sie loslassen, geben Sie den Versuch auf, alles zu kontrollieren. Sie hören auf zu sprechen, zu planen, zu urteilen und Dinge zu hinterfragen. Stattdessen beginnen Sie zuzuhören und anzunehmen. Sie überlassen Ihren Körper, Ihren Verstand, Ihre Intelligenz und Ihr Selbstgefühl einer höheren Kraft, einem höheren Selbst. Allerdings ergeben Sie sich nicht wie bei einer Niederlage. Die wahre yogische Hingabe besteht darin, sich der göttlichen ewigen Quelle zu widmen – der unendlichen Liebe. Sich zu entspannen bedeutet loszulassen, zu vertrauen und an Gott zu übergeben.

Der Körper ist sehr empfänglich für Suggestion. In der Tat ist die Kraft Ihrer eigenen Gedanken das stärkste Mittel, das auf Sie wirken kann. Indem Sie Entspannung manifestieren, bündeln Sie Ihre mentalen Kräfte und wirken positiv auf Ihren physischen Körper. Durch diese Praxis der Tiefenentspannung kann auf vielen Ebenen umfassende Heilung stattfinden. Körperliche und psychische Krankheiten können aus dem Körper verbannt werden. Es ist eine verjüngende, Beschwerden lindernde Übung, die zu einer positiveren Einstellung, mehr Enthusiasmus für das Leben und der Bereitschaft führen kann, aus jedem Moment das Beste zu machen. Entspannung ist definitiv der Weg des Yogis.

DIE ÜBUNG

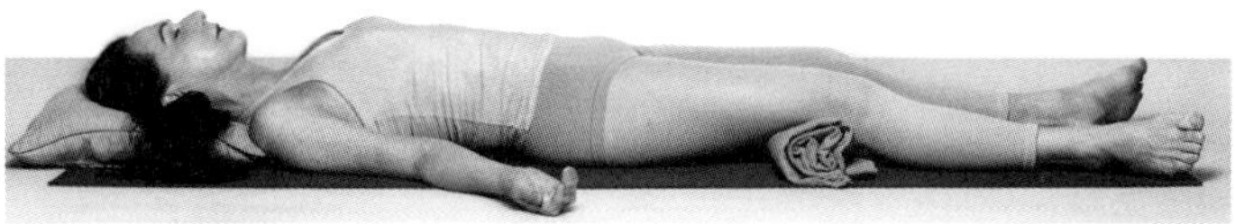

Bereiten Sie sich vor, indem Sie sich auf den Rücken legen. Legen Sie ein Kissen unter Ihren Kopf, damit sich Kiefer und Nacken lösen können, sowie eine gerollte Decke, ein Bolster oder eine andere Rolle unter die Knie, damit der untere

Rücken entspannt. Bevor man sich tiefer in Shavasana bewegt, ist es hilfreich, bewusst Spannungen im Körper zu erzeugen. Tun Sie dies, indem Sie Ihre Hände zu Fäusten ballen, Ihre Zehen zusammenkrallen, Beine, Arme und Kopf vom Boden heben und Ihre Gesichtsmuskeln zu einem »Zitronengesicht« zusammenziehen. Halten Sie alles für ein paar Sekunden in der Anspannung und lassen Sie dann wieder los. Strecken Sie Ihre Zunge heraus und atmen Sie aus. Lockern Sie Mund und Kiefer. Öffnen Sie Ihre Beine weiter als hüftbreit und lassen Sie Ihre Füße sanft nach außen fallen. Legen Sie Ihre Arme ausgestreckt an die Körperseiten, Handflächen nach oben, mit den Schulterblättern auf dem Boden. Schließen Sie die Augen sanft und lassen Sie den Atem passiv kommen und gehen.

Bringen Sie bewusst Entspannung in jeden Körperteil. Beginnen Sie mit Ihren Zehen und bewegen Sie sich langsam nach oben, während Sie lautlos sagen: »Zehen entspannen, Füße entspannen, Beine entspannen, Hüften entspannen, unteren Rücken entspannen, mittleren Rücken entspannen, oberen Rücken entspannen, Bauch entspannen, Brustkorb entspannen, Finger entspannen, Hände entspannen, Arme entspannen, Schultern entspannen, Nacken und Hals entspannen, Gesicht entspannen, Lippen und Mund entspannen, Zunge entspannen, Wangen entspannen, Nase entspannen, Augen entspannen, Stirn entspannen, Kopf und Kopfhaut entspannen, Verdauungsorgane entspannen, Sexualorgane entspannen, Kreislauforgane entspannen, Atemorgane entspannen, Sinnesorgane entspannen, Gehirn entspannen. Mein ganzer Körper, innen und außen, ist vollkommen entspannt.«

> *Option 1* (spiritueller): Konzentrieren Sie sich darauf, alles Gott zu widmen. Fangen Sie mit den Zehen an und sagen Sie still (als ob Sie im Dialog mit Gott stünden, den Sie mit Ihrer persönlichen Bezeichnung für das Göttliche ansprechen, sei es mit Göttin, Christus, Allah, Jehovah, Krishna etc.): »Diese Zehen widme ich dir, mein Lord Krishna. Nimm diese Füße, sie gehören dir, auch diese Knöchel gehören dir, nimm sie. Diese Beine und Hüften gehören dir, dieser Rücken gehört dir, dieser Bauch und dieser Brustkorb gehören dir.« Fahren Sie auf diese Weise mit den Körperteilen und Organen fort. »Alle meine Sinne gehören dir, mein Geruchssinn, Geschmack, Sehen, Berühren und Hören gehören dir, meine Emotionen, mein Verstand, meine Intelligenz, mein Bewusstsein und mein Selbstwertgefühl gehören dir. Meine Seele gehört dir, lieber Herr, mein ganzes Ich ist dein.«

EINE GESCHICHTE

Ursprünglich sollte *Mein magischer Morgen* ein Praxisbuch sein, in dem ich die spirituellen Übungen zeige, mit denen ich seit vielen Jahren meinen Tag beginne. Nachdem ich den ersten Entwurf geschrieben hatte, zeigte ich ihn meinem Partner David Life und fragte ihn nach seiner Meinung. Sein Feedback nach dem ersten Lesen lautete: Obwohl es so klar und detailliert formuliert sei, dass die meisten Menschen in der Lage wären, Nutzen daraus zu ziehen, war es seinem Gefühl nach »ein bisschen trocken«.

»Trocken? Was meinst du mit ›trocken‹?«, fragte ich.

»Es fehlen das Geheimnis und die Magie – genau die Dinge, die Menschen am Yoga interessieren«, sagte David weise.

»Was schlägst du vor, um das Ganze mystischer zu machen?«

»Du brauchst eine persönliche Geschichte, die du mit den Lesern teilen kannst. Am besten erzählst du, wie du überhaupt auf die Buchidee gekommen bist.«

»Aber das ist so lange her und sehr privat; außerdem gibt so viele Leerstellen in der Geschichte – die meisten Leute werden es nicht glauben«, protestierte ich.

»Kann sein. Aber genau deshalb solltest du die Geschichte erzählen.«

»Wirklich?«

»Ja.«

»Aber muss in einer Geschichte nicht alles zu hundert Prozent stimmen?«
»Gute Geschichten bestehen nicht nur aus Fakten.«
»Also gut.«

Hier beginnt die Geschichte.

Eintrittskarte zur Cheopspyramide

»Sharon, was machst du da?«, fragt David. »Pst!«, zische ich und bedeute ihm, näher zu kommen und sich vor mich zu stellen, dann lege ich meine rechte Hand und den linken Fuß auf die zerbrochene Kante des kalten Steinsarkophags. David blickt skeptisch und schüttelt den Kopf, als ich hinaufklettere. Lautlos schlüpfe ich in den Sarg aus Granit und lege mich auf den Rücken. Es ist eng hier drin. Ich lege meine Arme im Stil der Pharaonen über meine Brust, schließe die Augen und fühle, wie sich mein Körper entspannt.

Wir sind in Ägypten, in der Königskammer der Großen Pyramide von Gizeh. Um uns herum sind nur ein paar andere Touristen und – überraschenderweise – keine Museumswächter. Mit David als Aufpasser bin ich entschlossen, dieses seltene Privileg zu nutzen, ohne die leiseste Ahnung, wie viel Zeit ich habe.

Das Erste, was mich umgibt, ist ein intensiver Klang.

Das Summen, das aus dem Inneren des Steins zu kommen scheint, klingt wie Milliarden von Bienen, die fleißig ihre selbstlose Arbeit verrichten. Über meine Augenlider flackern Bilder von Napoleons goldenen Bienen. Interessanterweise wählte der französische Kaiser, nachdem er von seiner Ägyptenexpedition nach Paris zurückgekehrt war, genau dieses Symbol für sein Imperium. Nach eigenen Angaben hatte er während seiner Übernachtung in der Königskammer eine mystische Erfahrung.

Die Autorin im Sarkophag der Königskammer

Gibt es hier eine Verbindung? Ich frage mich, ob auch er die Bienen gehört hat. Ich bewahre mich jedoch bewusst vor napoleonischen Abwegen und widme mich wieder meinem Projekt der Entspannung. Während die Bilder weicher werden und sich schließlich auflösen, begebe ich mich an einen meditativen Ort des tiefen Zuhörens. Das Summen wird intensiver und mein Körper scheint in der Steinkiste zu schweben. Ich spüre einen Raum zwischen mir und der Glätte der Sargwände, und mir wird klar, dass mein Körper keinen Stein mehr berührt – er berührt den Klang. Die Moleküle meines Körpers treten in Resonanz mit den Molekülen des Steins und des Zwischenraums. Ich fühle mich angenehm leicht. Ein Déjà-vu-Gefühl überkommt mich und ich weiß, dass ich schon einmal hier gewesen bin. »Lass ein wenig mehr los«, sage ich mir bei der Ausatmung. Dann spüre ich von meinem Solarplexus aus eine Welle von Energie, begleitet von der Empfindung abzuheben. Ich fühle mich, als ob meine Seele Flügel hätte und sich aus meinem Körper in die Höhe schwingen würde.

Plötzlich ändert sich meine Perspektive und ich finde mich in einem Schwebezustand unter der Raumdecke wieder. Ich blicke nach unten und sehe eine Person im Sarkophag liegen. Ich weiß, dass sie bereits mehrere Tage dort liegt, vielleicht eine Woche, in einer Art Winterschlaf verweilend. Ihr Herzschlag und der Atem haben sich verlangsamt. Jemand, der es nicht besser wüsste, könnte denken, dass sie tot ist, aber ich weiß, dass sie lebt. Sie hat sich zurückgezogen und erfährt eine Art Initiation. Sie ist Schülerin einer geheimnisvollen esoterischen Schule und befindet sich aufgrund lange praktizierter, hochintensiver Yogaübungen in meditativer Trance. Während ich sie betrachte, richtet sie ihren Oberkörper auf, nur ihre Hände und Füße berühren noch den Boden des Sarkophags. Könnte es sich bei ihr um mich selbst in einem anderen Leben handeln?

Genau an dieser Stelle schließt ein lichterfüllter Blitz das Fenster zu dieser anderen Zeit. Ein Tourist hat sich über mich gebeugt und ein Foto von mir im Sarkophag gemacht. Daraufhin hilft David mir heraus und wir setzen uns auf den Steinboden der Königskammer. Dort erzähle ich ihm von meiner außerkörperlichen Erfahrung, den Bienen und der Vision. Obwohl ich etwas schwanke, verlassen wir die Königskammer auf dem gleichen Weg, auf dem wir sie betreten haben – durch den »Eingang der Diebe«: ein grobes Loch an der Seite der Pyramide, das 820 v. Chr. durch einen Rammbock entstanden ist. Wir halten uns an den

Seilen seitlich der hölzernen Rampe fest, die den Fußweg durch die Pyramide markiert. Manchmal müssen wir die dunklen, engen Tunnel, die auf sonderbare Weise mit Energie pulsieren, sogar auf allen vieren durchkriechen. Als wir endlich im Sonnenlicht und in der Wüstenhitze ankommen, fühlen wir uns wie neugeboren.

Am nächsten Tag bewegen wir uns erneut zwischen Sarkophagen, Mumien, riesigen Steinskulpturen, Spinnweben, Staubschichten und schläfrigen Wächtern: Wir sind im Ägyptischen Museum in Kairo. Ich erblicke eine uralte Tempelwand, bemalt mit bunten Figuren und Hieroglyphen, und gehe näher hin, um eine auf dem Kopf stehende weibliche Figur zu betrachten. Sie führt offenbar ein Asana aus, das auf Sanskrit als *Urdhva Dhanurasana* (Rad) bekannt ist.

»Wow! Sie macht Yoga!«

Ägyptische Yogini im Rad

Ich schaue aufgeregt nach David, den ich im Nebenzimmer finde, und beuge mich über einen Glaskasten, der mit einer Sammlung von goldenen Zehen- und Fingerhülsen gefüllt ist. Wir beide sind höchst erstaunt, nicht so sehr wegen des unfassbaren Werts der Exponate, sondern wegen der Zerbrechlichkeit der Vitrinen. Eine, die uns besonders auffällt, ist eine rechteckige Box aus dünnen Glasscheiben, zusammengehalten von fragilen Holzleisten. Verschlossen ist sie mit einem kleinen Riegel, der von einem Stück verdrillten Drahts gehalten wird. Auf der Oberseite befindet sich ein kleiner Streifen vergilbten Notizbuchpapiers, das mit einem noch älteren Stück Tesafilm befestigt wurde. Auf dem Papier lesen wir, was die Vitrine enthält:

GOLDENE SCHUTZHÜLSEN VON DEN FINGERN
UND ZEHEN DER MUMIE KÖNIG TUTANCHAMUNS.

Als wir von den Exponaten aufschauen, stellen wir fest, dass der Raum viele Glasvitrinen wie diese enthält, in ihnen unbezahlbare und unersetzbare Schätze. Gleichzeitig stehen alle Fenster im Raum offen und lassen Staub und Hitze von der Straße eindringen. Wir denken beide: »Wo sind die Luftbefeuchter, das Sicherheitssystem, die Wachen? Wenn diese Dinge im Metropolitan Museum of Art ausgestellt wären, würde man sie schützen und sichern wie das Gold in Fort Knox und nicht wie einfachen Modeschmuck zur Schau stellen.«

Als ich David meine Entdeckung der »Yoga«-Malerei zeige, überlege ich laut: »Glaubst du, dass die Wurzeln von Yoga nicht nur in Indien, sondern auch im alten Ägypten liegen könnten? Beziehungsweise in beiden Kulturen zur gleichen Zeit entwickelt wurden?«

»Klar, warum nicht?«, antwortet er. »Wir nehmen zu oft kritiklos an, was ein paar Historiker sagen, aber niemand kennt wirklich die Wahrheit über die Vergangenheit. Das meiste ist nur Spekulation. Aber hast du außer diesem einzelnen Bild auch andere Belege für deine Theorie?«

Ich muss zugeben, dass es vorerst nur Intuition ist. Aber die Idee fasziniert mich. Die mögliche Verbindung zwischen Yoga und Ägypten beschäftigt mich, seit ich mich in jungen Jahren von allen möglichen magischen und mystischen Dingen angezogen fühlte. Obwohl ich nie jemandem begegnet bin, der geglaubt hat, dass im alten Ägypten Yoga praktiziert wurde – oder auch nur über diese Möglichkeit nachdachte –, habe ich beim Lesen über das alte Ägypten oft Hinweise auf »altägyptische Mysterienschulen« gefunden. Was in diesen Schulen gelehrt wurde, bleibt trotz vieler Mutmaßungen ein Rätsel. Die westliche hermetische Tradition behauptet, ihren Ursprung in den ägyptischen Mysterienschulen zu haben, und nennt den ägyptischen Gott Thoth, der auch als »Hermes Trismegistos« bekannt ist, als Quelle des okkulten Wissens vieler moderner Geheimgesellschaften, darunter die Rosenkreuzer-Gemeinschaft und die Theosophen. Viele große Denker, Wissenschaftler und Alchemisten, einschließlich Pythagoras, Paracelsus, Isaac Newton und Ralph Waldo Emerson, ließen sich von der okkulten Weisheit des alten Ägypten inspirieren.

Die Legende besagt, dass es sehr schwierig war, in die alten Mysterienschulen aufgenommen zu werden. Anwärter mussten mühsame Einweihungsrituale an Orten wie der Königskammer der Großen Pyramide bestehen, um ihre Qualifikation zu beweisen. Doch was kam danach? Was wurde den Schülern nach der bestandenen Prüfung in der Schule beigebracht? Noch einmal: Wir haben keine konkreten Beweise – archäologische Ausgrabungen haben noch keine alten Lehrbücher zutage gefördert –, aber wir wissen, dass die alten Ägypter mit der gleichen Leidenschaft nach dem Wesen der Dinge suchten, wie wir es heute tun. Zu wissen, wer wir wirklich sind und was unser Zweck auf der Erde ist – das sind universelle Fragen, zu denen alle spirituellen Traditionen Antworten suchen.

Die Bibel spricht von ägyptischen Priestern als weisen, der Magie kundigen Männern, die sich unsichtbar machen und durch Beschwörungsformeln oder Mantras Zauber erwirken konnten. Die alten Schriften des Yogas beschreiben ähnliche Phänomene als Folge von Yogapraktiken.

Die indischen Schriften bieten dem Gelehrten eine Fülle von Wissen. Abenteuerlustigen Praktikern bieten sie anwendbare Methoden, »Technologien der Ekstase«, wie der Wissenschaftler Alain Daniélou es nennt, um die transzendierenden Übungen und Wirkungen des Yoga zu beschreiben, die über intellektuelle Spekulationen hinausgehen. Der entscheidende Punkt ist, dass Indien seine Yogasysteme niedergeschrieben hat und diese Schriften heute noch existieren. In Ägypten ist – zumindest bis heute – kein eindeutiger Beweis für die Existenz eines Yogasystems gefunden worden.

Wir wissen, dass die Ägypter Papier erfunden haben und sich intensiv für das Schreiben und die Verfeinerung der Schriftsprache eingesetzt haben. Zu erkennen ist dies in der Bildsprache der Hieroglyphen. Es gab Schulen für Schreiber, die in vielen Bereichen der ägyptischen Gesellschaft gesucht und beschäftigt wurden. Damit ist sehr wahrscheinlich, dass es auch Texte über Inhalte und Methoden der Mysterienschulen gab, darunter eventuell auch Yoga. Viele dieser Texte könnten in der großen Bibliothek von Alexandria aufbewahrt worden sein.

»Du hattest immer vermutet, dass die alten Ägypter Schulen hatten, in denen sie Meditation und Yogaähnliche Techniken praktizierten«, überlegt David laut. »Ihnen lag offenbar viel an Archivierung; es gab hochproduktive Schriftsteller und große Bibliotheken. Möglicherweise gab es auch Instruktionstexte, die die Praktiken beschreiben. Aber ich denke, dass wir das nie sicher wissen werden, weil fast alle Bibliotheken zerstört wurden. Ich erinnere mich, im Schulunterricht gelernt zu haben, dass Julius Cäsar in Alexandria eine große Bibliothek verbrannt hat.«

»Ja, Sie haben recht«, sagt plötzlich eine Stimme.

Wir drehen uns um und sehen einen elegant gekleideten Mann mittleren Alters mit rasiertem Schädel und verschmitzten blauen Augen vor uns. Er sagt: »Aber die Bibliothek wurde tatsächlich schon mehrmals vor Cäsar und nicht nur von den Römern verbrannt, also können wir ihnen nicht allein vorwerfen, alles zerstört zu haben!«

Er verbeugt sich tief und stellt sich vor: »Mein Name ist Karim Hassan. Ich bin Ägyptologe und arbeite hier im Museum. Verzeihen Sie, aber ich habe Ihre Unterhaltung über Yoga, Magie und das alte Ägypten mitgehört. Praktizieren Sie Yoga?«

»Ja«, sagen wir und stellen nun uns vor.

»Ich treffe hier in Kairo nicht viele Yogis. Kommen Sie aus Amerika? Ich glaube, amerikanischen Akzent zu hören.«

»Ja, aus New York City.«

»Hmm, New York City. Sehr gut. Da gibt es hohe Gebäude. Was machen Sie dort?«

»Wir unterrichten Yoga.«

»Ahh … interessant. Sind Sie als Touristen in Kairo?«

»Eigentlich ja, aber wir interessieren uns auch aus einer spirituellen Perspektive für das alte Ägypten.«

»Wie meinen Sie das?«

»Mr Hassan«, beginne ich.

»Bitte nennen Sie mich Karim.«

»Karim, glauben Sie, dass im alten Ägypten Yoga praktiziert wurde? Könnte es sein, dass in den Mysterienschulen Yogaübungen gelehrt wurden?« Karim lacht. »Das ist eine sehr interessante Hypothese«, sagt er. »Erzählen Sie mal: Was wissen Sie über diese Mysterienschulen?«

»Eigentlich gar nichts«, sagt David. »Sharon hatte immer so ein Gefühl, das ist alles. Wissen Sie etwas über diese mysteriösen Schulen? Gab es sie überhaupt?«

»Wie lange sind Sie in Kairo?«

»Nur noch ein paar Tage.«

»Hmm ... schade, denn ich freue mich über Ihre Gesellschaft. Aber gut, machen wir etwas daraus, denn wie lautet ein Spruch in unserem Land: ›Solange die Sonne am Himmel steht, ist es Tag.‹ Darf ich Ihnen etwas zeigen, von dem ich denke, dass es interessant für Sie sein könnte?«

»Ja, bitte. Wir fühlen uns geehrt, dass Sie unser Interesse teilen«, antworte ich.

»Sehr gut, aber dafür Sie müssen mir in mein Büro folgen. Ich warne Sie jedoch, es liegt unter dem Museum und ähnelt einem Grab. Ich hoffe, Sie leiden nicht unter Klaustrophobie.«

Dazu sage ich nichts ...

Wir folgen Karim durch die verschiedenen Stockwerke des Museums und über eine schwach beleuchtete Treppe in den Keller, wo sich sein Büro befindet. Karim öffnet die Tür und macht das Licht an. Es ist ein fensterloser Raum, aber sehr elegant und komfortabel eingerichtet. Er gleicht eher einer Wohnung als einem Büro.

»Darf ich Ihnen Tee anbieten? Ich bin gerade aus Paris zurückgekommen, wo ich in einem schönen Teeladen im Louvre zu einem wunderbaren Oolong-Tee eingeladen wurde.«

»Ja, wir nehmen gern einen Tee.«

Er fordert uns auf, auf dem Boden Platz zu nehmen, wo Plüschkissen um einen niedrigen marokkanischen Tisch drapiert sind. Der Raum riecht sauber und ist kühl, ruhig und extrem leise – ein markanter Unterschied zu dem belebten Museum im Obergeschoss und dem Chaos auf der Straße.

»Hier unten sind die Wände sehr massiv, die Steinmauer ist über drei Meter dick«, erklärt Karim. »Ich habe lange für das Museum gearbeitet, daher genieße ich einige Vorzüge. Weil ich viele Stunden hier verbringe, habe ich mich hier so angenehm und komfortabel wie möglich eingerichtet.«

In jeder Hand hält Karim eine Dose Tee und sagt mit einem Kopfnicken zu seiner Rechten: »Dieser Oolong ist mit Erbsenblüten vermischt. Beim Aufbrühen wird er himmelblau – wirklich außergewöhnlich.« Dann nickt er nach links und sagt: »Oder hätten Sie lieber köstliche ägyptische Pfefferminze? Etwas Traditionelles?« Aber ohne uns eine Chance zur Antwort zu geben, legt er den Pfefferminztee beiseite und entscheidet mit einem Lächeln: »Lasst uns das Blau probieren!«

Er füllt aus einer Flasche Wasser in einen Wasserkocher und fordert mich auf, als er beginnt, unsere Teeparty zu starten: »Bitte erzählen Sie mir mehr über Ihre Ideen.«

»Nun«, fange ich an, »im Grunde habe ich das Gefühl, dass wir vielleicht zu vorschnell waren, Indien als den Geburtsort des Yoga zu betrachten. Vielleicht ist Yoga universeller und auch in anderen alten Kulturen beheimatet. Vielleicht wurde Yoga zur gleichen Zeit oder sogar früher in Ägypten praktiziert. Verstehen Sie mich bitte nicht falsch: Ich liebe Indien. Dennoch kann ich nicht leugnen, dass ich mich zu den Mysterien des alten Ägypten hingezogen fühle. Vielleicht möchte ich beide Interessen vereinen, indem ich Beweise dafür entdecke, dass Yoga von beiden Kulturen geteilt wurde. Indien wird immer zuerst mit Yoga in Zusammenhang gebracht, und das zu Recht. Die Inder verfeinerten, systematisierten und dokumentierten die Methoden. Sie machten sie für jeden Interessierten zugänglich, konnten die Sprache entschlüsseln und in die Praxis eintauchen. Die Philosophie und die Methoden werden seit Tausenden von Jahren lebendig gehalten und von Guru zu Schüler weitergegeben.

Die Ägypter hingegen scheinen ihre spirituellen Geheimnisse, sei es absichtlich oder unabsichtlich, begraben zu haben. Die entsprechenden indischen Schriften haben die Jahrhunderte überlebt, während ein Großteil der ägyptischen Weisheit verloren gegangen ist, gestohlen und zerstört oder in eine Sprache von Hieroglyphen eingebettet wurde, die noch nicht vollständig entschlüsselt ist.«

»Haben Sie das Gefühl, dass in den Mysterienschulen des alten Ägypten eine Form von Yoga gelehrt wurde?«, fragt Karim und sieht mich dabei direkt an.

Ich denke an meine außerkörperliche Erfahrung in der Königskammer am Tag zuvor zurück. »Glauben Sie an Karma und Reinkarnation?«, fragt er weiter.

»Ja.«

»Wissen Sie etwas über Ihre vergangenen Leben?«

»Nein.«

»Aber Sie haben das Gefühl, vor langer Zeit in Ägypten gelebt zu haben und Eingeweihte in einer dieser Mysterienschulen gewesen zu sein?«, mutmaßt Karim.

Der Wasserkocher fängt an zu pfeifen. »Ah, unser Tee!«, sagt Karim.

Als er sich um das Getränk kümmert, sehen David und ich uns in Ehrfurcht vor dem unglaublichen Glück, das uns zu diesem faszinierenden Mann führte, mit weit aufgerissenen Augen an. Als wollten wir sagen: »Wo sind wir denn hier hineingestolpert?«

Nachdem der Tee gezogen hat, stellt Karim das Tablett auf den niedrigen Tisch und fährt fort, während er jedem von uns einen dampfenden, wohlriechenden Becher kredenzt: »Wussten Sie, dass der Name unseres Landes nicht immer ›Ägypten‹ war? Die alten Griechen nannten unser Land *Khem*, was ›schwarz‹ bedeutet, schwarz wie ein reicher, fruchtbarer Boden, in dem alles wachsen kann. Sie pflegten zu sagen, dass unsere Vorfahren in einer so fruchtbaren Umgebung lebten, dass sie nur an etwas denken mussten, das sie wollten, und es dann magisch erscheinen würde. *Khem* ist die Wurzel des Wortes ›Chemie‹, das als die Fähigkeit definiert ist, mit den Elementen zu arbeiten. Das arabische Präfix *al* wurde zu *khem* hinzugefügt, um das Wort ›Alchemie‹ zu bilden, die magische Kunst der Transformation. Das alte Ägypten war somit das Land der magischen Transformation. Es gab esoterische Schulen, die diese magischen Künste lehrten. Diese Disziplinen beschäftigen sich mit dem Wissen, wie Dinge funktionieren, wie jede Handlung Samen sprießen lässt, die zur Realität werden. Es ist klug, die Gesetze des Karma zu kennen, denn dann kann man bewusst am Leben teilnehmen und seinem Schicksal eine Richtung geben. Sie wissen schon.« Er lächelt und schlägt vor: »Lasst uns einen Moment sitzen und die zarten Aromen dieses herrlichen blauen Tees genießen.«

Ein paar Minuten vergehen, dann spricht Karim wieder. »Obwohl Ihre Spekulationen interessant sind, bin ich nicht sicher, ob es genug Beweise dafür gibt, dass Yoga, wie Sie es sich vorstellen – die Positionen und so weiter –, in Ägypten entstanden ist. Aber als Wissenschaftler habe ich einige faszinierende Dinge entdeckt. Zum Beispiel das Bild des Mädchens, das sich in eine rückwärtige Haltung beugt und heute Ihre Aufmerksamkeit auf sich zog. Wussten Sie, dass unsere ägyptische Nummerierung dezimal ist, aufgeteilt in Zehnereinheiten? Die

Zehner werden mit einem Symbol versehen, das wie ein umgekehrtes U aus dem lateinischen Alphabet und dem Buchstaben Ω, Omega, aus dem griechischen Alphabet aussieht.«

Karim hebt seine Augenbrauen und hält inne, um sicherzugehen, dass wir ihm folgen. Dann fährt er fort.

»Ich bitte Sie nun, sich das Bild vorzustellen und über Folgendes nachzudenken: Unsere Bildhieroglyphen sind eine Sprache der Symbole. Die umgekehrte Bogenform des Mädchens hat die gleiche Form wie die Glyphe für die Zahl 10. Die meisten unserer Hieroglyphen haben mehr als eine Bedeutung. In diesem Fall wird das gleiche Symbol auch für ein Geschirr verwendet, das Ochsen oder Stiere tragen, wenn sie Karren ziehen oder Felder pflügen – ein Joch. Bemerken Sie die Ähnlichkeit?«

»Was? ›Yoga‹ bedeutet ›Joch‹!« Ich kann meine Aufregung nicht unterdrücken. »Das ist mehr als ein Zufall. Das auf den Kopf gestellte U bedeutet sowohl Zehn als auch ein Joch. Wow!«

Karim sagt: »Nun, jedenfalls scheint die Zahl 10 für unsere Vorfahren magische Bedeutung gehabt zu haben.«

»Karim, wir sind fasziniert – aber Magie? Was meinen Sie mit ›Magie‹ und ›magischen Zahlen‹?«

»Nun, lassen Sie mich zurückfragen: Was ist Ihr Verständnis von Magie? Zaubertricks? Kaninchen aus Hüten ziehen oder Menschen in zwei Hälften sägen? So etwas? Unsere Vorfahren sahen die Welt als magische Manifestation. Wir haben uns der Magie als praktische Kunst zugewandt, die als eine Art angewandte Wissenschaft benutzt werden kann. Die Eingeweihten wussten, wie man diese Weisheit in allen Bereichen des Lebens anwendet, einschließlich Landwirtschaft, Medizin, Musik, Mathematik, Astronomie und Architektur. Aber im Kern lag immer die höchste Anwendung darin, eine Person in ihr ultimatives Potenzial zu bringen.«

»Was ist darunter zu verstehen?«, fragt David.

»Natürlich Unsterblichkeit«, stellt Karim entschieden fest. »Vielleicht haben Sie von unserem großen radikalen religiösen Reformer Pharao Echnaton gehört.«

»Ja, natürlich – der Ehemann von Nofretete und der Vater des berühmten Kinderkönigs Tutanchamun«, erwidere ich.

»Wissen Sie noch mehr?«, fragt Karim geduldig weiter.

»Ja, ich habe tatsächlich etwas recherchiert. Er war *satyagraha*, ›von der Wahrheit besessen‹, noch mehr als Gandhi. Er glaubte, dass Gott, die Wahrheit und die Sonne eins seien und in ihm als unsterbliche Seele lebten.«

»Immer wieder taucht ein Satz auf, der Echnaton zugeschrieben wird«, erklärt Karim. »Er fasst sein politisches Ziel zusammen: Leben in *Maet*. *Maet* bedeutet ›Wahrheit‹, also göttliche Wahrheit. Echnaton sah Gott als die Sonne, die Licht ausstrahlt und uns alle auf Erden erleuchtet, uns selbst wiederum als Gefäße für dieses Licht. Er wies seine Künstler an, Bilder und Skulpturen zu schaffen, in denen die Sonne als Person dargestellt wird, deren Arme aus Strahlen bestehen, die in feingliedrige menschliche Hände auslaufen und auf die königliche Familie scheinen, die das Leben im Licht repräsentiert.«

»Er sah sich selbst als Sohn der Sonne«, füge ich hinzu, »und er ging so weit, das Tragen von Kleidung als Täuschung zu betrachten, als Versteck vor der Sonne, der Wahrheit. Er wurde Nudist und verlangte auch von seiner Familie, im Dienst der Wahrheit nackt zu leben. Er wollte, dass er selbst, seine Frau und ihre Töchter ohne Kleidung als öffentliches Beispiel für die Menschen dienen. Er hatte sogar das Gefühl, dass das Wohnen in Häusern nicht der Wahrheit dient – als würde man sich dort vor der Sonne verbergen.«

»Seine Ideen scheinen mit den obdachlosen, ›himmelgekleideten‹, also nackten Yogis übereinzustimmen, die in der vedischen Literatur erwähnt werden. Seine Ideen waren sehr radikal und unpopulär, und er wurde möglicherweise deswegen ermordet«, ergänzt David.

»Ja, das stimmt – leider war er seiner Zeit weit voraus«, sagt Karim. »Wissen Sie, dass er eine neue Religion erschuf, in der die Sonne der einzige Gott ist? Dazu hat er quasi sein eigenes Logo kreiert, indem er einfach die Schreibweise des Wortes ›Sonne‹ veränderte. Zuvor war die Hieroglyphe für die Sonne eine einfache Scheibe. Er fügte einen Punkt in das Zentrum dieses Kreises ein. Dieser Punkt symbolisiert die Seele.«

Die Sonne strahlt ihr Licht auf den Pharao und seine Familie

Ich konnte meine Erregung kaum zügeln: »Ja, die ewige Seele – wie im indischen Atman, das Selbst in sich selbst.«

»Und noch etwas. Er änderte seinen Namen von Amenhotep IV zu Echnaton. Sein neuer Name war stark mit Bedeutung aufgeladen. Er bedeutet ›der Ort, an dem Gott ruht oder wohnt‹. Er sah sich selbst und seinen Körper als den Ort, an dem Gott leben sollte. Er sagt mit seinem Namen, dass er die Wahrheit verkörpert, das Licht, die Sonne.«

»Ich denke, das bedeutet, dass er erleuchtet war und den Atman erkannte, das Göttliche Selbst in sich selbst. Könnte man also sagen, dass er sich Echnaton nannte, um auszudrücken, dass er befreit lebte? Das ist extrem spannend, weil es dem yogischen Konzept des Jivanmukta sehr ähnlich ist: ›dem, der befreit lebt‹.«

Karim nickt anerkennend und wir sitzen ein paar Minuten schweigend da. Dann sagt er: »Ich möchte Ihnen etwas zeigen, das vom Museum kürzlich erworben wurde. Ich habe den Auftrag erhalten, es zu authentifizieren und ... nun, lassen Sie mich es Ihnen zeigen.«

Karim steht langsam auf und zeigt mit einer sanften Abwärtsbewegung seiner Hände, dass wir sitzen bleiben sollen. »Den Tee in langsamen Schlucken trinken, nicht hetzen. Wann werden Sie wieder Gelegenheit bekommen, einen solchen Moment zu genießen? Sie befinden sich im exotischen Kairo – einem Ort der uralten Magie und Geheimnisse. Wir Ägypter bewegen uns langsamer als Sie Amerikaner. Vielleicht ist es die Hitze, vielleicht nur die Trockenheit, oder wir wollen einfach nur keinen Staub aufwirbeln. Tatsächlich leben wir ja im Schatten massiver, unverrückbarer Steinpyramiden. Wir mögen fest verankerte Dinge.« Karim geht auf einen großen, antiken Holzschreibtisch zu, der vor einer raumhohen Bücherwand steht. Er setzt sich auf den Stuhl hinter dem Schreibtisch, zieht eine Schublade auf und entnimmt eine kleine Metallbox. »Ah, ja, hier ist der Schlüssel«, sagt er. »Wären Sie so nett, mich für einen Moment zu entschuldigen?«

Er öffnet eine Tür in einen Raum rechts von seinem Schreibtisch und schließt sie hinter sich. Uns lässt er allein in seinem stillen Büro sitzen. Nach etwa einer Minute scherze ich: »Glaubst du, er holt da eine Mumie?«

»Vielleicht zehn von ihnen!«, lächelt David.

Nach ein paar Minuten erscheint Karim wieder, legt eine Mappe auf seinen Schreibtisch und lädt uns ein, einen Blick darauf zu werfen. Er entschuldigt sich dafür, dass er uns aus Sicherheitsgründen nicht das Original zeigen könne. Das, was wir sehen, ist die Fotografie eines Königs- oder Kartuschenrings. Seine Aufgabe sei es, ihn zu authentifizieren, also zu datieren und seine Bedeutung zu entschlüsseln.

»Sie sehen hier eine Kartusche, als Relief auf der Oberseite einer Kiste angebracht, die bei einer Grabung in den Überresten von Amarna, der Stadt, die Echnaton gebaut hat, an der Bestattungsstelle einer noch nicht identifizierten Mumie gefunden wurde. Die Kartusche ist mindestens 3000 Jahre alt. Haben Sie so etwas schon einmal gesehen? Eine Kartusche ist ein Ring, der seinen Inhalt auf magische Weise schützt. Ein magischer Kreis, der in ein Oval verwandelt wurde, damit die Hieroglyphen noch besser Platz finden. Die Hieroglyphenschrift ist mit etwas umkränzt, das wie ein Seil aussieht und am Ende gebunden ist. Der Kreis und die Abbindung sind magische Elemente und Teil jeder Kartusche.«

»Bitte erklären Sie, was diese spezielle Kartusche bedeutet«, sage ich. »Worin liegt ihr Zauber? Können Sie die Hieroglyphen für uns übersetzen?«

»Normalerweise bezeichnet eine Kartusche eine Person, oft einen Pharao, aber diese enthält mehr als nur einen Namen. Es könnte ein Schutzgebet oder am ehesten eine magische Formel sein. An der Spitze befindet sich die Glyphe für die Zahl 10, die auch ›Joch‹ bedeuten kann.«

»Oder vielleicht ›Yoga‹?«, wende ich begeistert ein.

Karim zuckt mit den Schultern und fährt fort: »Darunter ist die Scheibe mit einem Punkt in der Mitte, Echnatons Symbol für den Aton. Dann sind zehn Symbole in zwei Spalten angeordnet. Von oben links nach unten haben wir die strahlende Sonne, zwei emporgehobene Arme, die den Geist, das Ka oder die Seele darstellen, einen ausgestreckten Arm mit einem Opfer in der Hand, einen Stuhl und eine Tänzerin. Rechts von oben nach unten haben wir einen fliegenden Vogel, einen Stern, dann eine abstrakte anatomische Darstellung von Lunge, Herz und Luftröhre, dann eine Biene und schließlich den heiligen Skarabäus – unser Symbol für die ewige Wiedergeburt. Tatsache ist, dass ich diese Symbole zwar erkannt, sie aber nie so arrangiert gesehen habe und nicht entschlüsseln kann, was die gesamte Botschaft ist. Ganz intuitiv: Spricht die Kartusche zu Ihnen?«

»Sie sagten, dass Kartuschen eine magische Formel ausdrücken können«, überlege ich. »Was ist, wenn diese uns eine Art Schritt-für-Schritt-Anweisung gibt? Wie Sie uns erklärt haben, Karim, haben Ihre Vorfahren Magie auf praktische Art und Weise benutzt, um eine Person alchemistisch in ihr ultimatives Potenzial zu bringen. Nun, das klingt für mich ziemlich nach Yoga. Wenn Magie wirkt, verschiebt sich die Wahrnehmung. Wir lassen los, was wir für real gehalten haben, und finden uns in einer erweiterten Realität wieder. Wenn wir bereit sind, tiefer in diese Kartusche zu schauen, können wir die Symbole vielleicht in einem größeren Zusammenhang sehen, nicht als isolierte Fragmente, sondern als Teile eines Puzzles. Vielleicht zeigen die Symbole einen Pfad, einen Weg oder eine Methode. Vielleicht haben wir all die Jahre nichts von Yoga im alten Ägypten gehört, weil die Methoden nicht wie in Indien aufgeschrieben wurden. Vielleicht waren sie verschlüsselter dargestellt und der Praktizierende musste den Code knacken. Könnte es sein, dass das, was auf dieser Kartusche steht, ein Code für eine Yogaunterweisung ist?«

David ergänzt: »Was Sharon sagt, ist vielleicht wirklich nicht so weit hergeholt. Wenn man sich viele der klassischen yogischen Schriften aus Indien ansieht, zählen sie nicht alles im Detail auf. Sie kommunizieren in der Sprache von Rätseln. So sind Patanjalis *Yoga Sutras* extrem kurze, aneinandergereihte Aussagen. Ohne Kommentar von erleuchteten Wesen oder zumindest Gelehrten ist es schwierig, aus ihnen Sinn zu ziehen.«

»Aus diesem Grund wollte ich *Ihnen* die Kartusche zeigen, mich interessiert Ihre Perspektive«, erklärt Karim. »Wenn die Kartusche tatsächlich Yogaanweisungen enthält, hätten Sie eine Idee, worin diese Lehre bestehen könnte und ob sie für irgendjemanden in unserer Zeit relevant sein könnte?«

»Karim, haben Sie eine Kopie der Kartusche, die ich mitnehmen könnte? Im Moment habe ich nur eine Ahnung und werde mehr Zeit brauchen, um die Hieroglyphen zu betrachten. Ein Foto wäre also hilfreich.«

»Ja, natürlich«, antwortet Karim.

Später am Abend, wieder zurück im Hotel, studiere ich die Kartusche und rekapituliere, was während unseres Treffens mit Karim gesagt wurde. Ich zerbreche mir den Kopf, überdenke die Beschreibungen, mit denen er jedes der Bilder in der Kartusche versah, komme aber zu keiner Erkenntnis über eine mögliche Verbindung mit Yoga. Ausnahmen bilden die beiden obersten Symbole – die Zahl 10 und der Kreis mit dem Punkt, die weiter meine Aufmerksamkeit fesseln. Karim sagte, dass im Symbol 10 eine doppelte Bedeutung liege – dass es auch »Joch« bedeute und als »Yoga« gelesen werden könne. Dann Echnatons geheimnisvoller Kreis mit einem Punkt in der Mitte, hmm … Dies, denke ich, könnte eine bildhafte Darstellung des Atman sein, der ewigen Seele im Inneren, zusammen mit der klaren Lehre, die das Ziel des Yoga beschreibt: das Göttliche im Inneren zu erkennen. Die Tatsache, dass der Pharao felsenfest davon überzeugt war, dass Gott »Eins« ist, und dass er spürte, dass sein Körper ein Behälter für diese »eine Wahrheit« war, musste eine wesentliche Rolle spielen.

In Gedanken höre ich die Worte meiner Lehrer: Gott wohnt in dir, Yoga ist der innere Weg; Yoga ist die Verwirklichung der Einheit des Seins; das wahre Selbst existiert jenseits von Körper und Geist. Ich denke weiter über diese Konzepte nach, als David mich daran erinnert: »Sharon, wir haben morgen einen großen Tag. Denk daran, dass wir einen Ausflug ins Pharaonische Dorf geplant haben, also bleib nicht zu lange auf, wenn du früh genug aufstehen, meditieren und deine anderen Yogaübungen machen willst. Das Taxi kommt um zehn.«

»Okay, danke, wird schon klappen.«

Als David mir gute Nacht wünscht, gehen meine Gedanken zurück zur Kartusche und ich frage mich, ob es sich doch um Yoga handeln kann. Die Zahl 10 und den Punkt im Kreis kann ich damit in Verbindung bringen, aber was ist mit den anderen Bildern? Unfähig, eine Antwort darauf zu finden, gehe ich ins Bett.

Ich wache auf, bevor der Wecker klingelt, fühle mich erfrischt, gut gelaunt und sehr dankbar, in Ägypten sein zu können. »Danke, Gott!«, spreche ich laut. Im weichen, luxuriösen Bett liegend erinnere ich mich an all die wundervollen Menschen in meinem Leben, die mir Freundlichkeit und Großzügigkeit entgegenbringen. Einem nach dem anderem sende ich einen Segen und stelle mir dabei ihre Gesichter vor. Nach einigen Minuten stehe ich auf und öffne ein Fenster. Auf dem Fenstersims habe ich in den letzten Tagen Brotkrümel und Körner für die Vögel hinterlassen. Ich rolle meine Yogamatte aus und beginne mit dem Üben der »Magic Ten«, die ich normalerweise in zehn Minuten ausführen kann. Dann folgen ein paar einfache Tanzschritte und Atemübungen. Anschließend setze ich mich bequem hin, schließe meine Augen zur Meditation und lege das Bild der Kartusche in meine Nähe – in der Hoffnung auf eine Eingebung. Nachdem ich meine Japa-Runden auf der Mala beendet habe, öffne ich meine Augen, um das Bild der Kartusche zu betrachten. Da erkenne ich es – so einfach, wie man einen Vogel am Fenster vorbeifliegen sehen würde. In zehn uralte Hieroglyphen eingeschrieben sehe ich mein eigenes Morgen-Sadhana: eine pharaonische Botschaft, die seit Ewigkeiten begraben lag und schließlich ans Licht gelangen konnte.

NACHWORT

Um Tiefgründiges zu vermitteln, ist es oft notwendig, die Fäden der Wahrheit zu einer fesselnden Geschichte zu verweben. Ein wichtiger Aspekt, um eine spirituelle Praxis attraktiv und lebendig zu halten, ist die Vorstellungskraft. Durch sie wird die Welt zu einem magischeren Ort. Eine Welt ohne Magie ist banal und langweilig. Yoga ist Magie, weil die Übungen unsere Wahrnehmung von uns selbst und der Welt jenseits des Gewohnten verändern.

Sie können glauben (oder auch nicht), dass ich die Elemente meines »magischen Morgens« in Hieroglyphen auf einer alten ägyptischen Kartusche gefunden habe. Ist das aber wirklich wichtig? Wenn ich mich selbst frage, woher meine »Magic Ten« stammen, kann ich nur schwer eine einzige Quelle anführen. Wenn ich überlege, woher die Ideen und Bilder in meinem Kopf kommen, vermute ich, dass sie sich aus meinen eigenen Erfahrungen herausbilden, in denen wiederum die Ideen vieler Quellen zusammenfließen.

Vielleicht kann der brillante Parapsychologe Rupert Sheldrake, bekannt für sein Konzept der morphischen Resonanz, hier einen Einblick geben. Seine Hypothese ist, dass das Gedächtnis der Natur innewohnt und dass es ein kollektives Gedächtnis gibt, auf das alle Arten des Lebens auf der Erde zugreifen können. Mein Lehrer Sri Brahmananda Saraswati war der Auffassung, dass unser Körper und unser Verstand im Grunde wie Fernsehgeräte oder Radios funktionieren: Sie empfangen und übertragen Informationen. Dies legt nahe, dass unser physisches

Selbst ein Übertragungsweg für umfassende Informationssysteme ist. Yogaübungen helfen uns, unsere Gedanken zu konzentrieren und die Fähigkeit zu entwickeln, auf magische Weise Frequenzen jenseits »normaler« Sinneswahrnehmungen anzuzapfen. Intelligenz kann (auch) daran gemessen werden, wie gut jemand darin ist, Verbindungen herzustellen, Dinge in Zusammenhang zu bringen. *Yoga* bedeutet nichts anderes als »verbinden«, und es handelt sich dabei um ein äußerst intelligentes System.

Wenn ich mich frage: »Woher stammt Yoga?«, stelle ich mir viele Ursprünge vor. Es scheint zu groß, um nur das Produkt einer einzigen menschlichen Zivilisation zu sein. Von Anfang an waren Yogis als Freigeister bekannt, als Menschen, die außerhalb der Norm standen, als Wahrheitssuchende, die danach strebten, in friedlicher Harmonie mit der Welt zu leben. Heute stellt Yoga eine radikale Abkehr von der Mainstream-Ideologie unserer modernen Lebensweise dar, die den Körper mehr denn je durch materielle Moden kontrolliert und zweifelhafte Vorgaben macht, wie man sich gegenüber anderen Menschen, Tieren und der Umwelt zu verhalten hat. Die etablierte Kultur hat immer versucht, unseren Verstand durch das Schüren von Angst, Neid und Gier zu manipulieren. Wir müssen nur auf die allgegenwärtige Werbung schauen, um zu sehen, wie wir mit einer konstanten »Diät« von Bildern gefüttert werden, die unsere niedrigsten Instinkte ansprechen.

Das Leitbild unserer weltweiten Kultur könnte mit dem Satz »Die Erde gehört uns« zusammengefasst werden. Unsere Lebensweise basiert auf der Annahme, dass allein das Menschsein uns das Recht gibt, andere zu beherrschen – alle anderen und sogar die Erde selbst. Die meisten von uns stellen diese Annahme nicht infrage und empfinden es als gottgegebenes Recht, unser unmittelbares persönliches Glück zu verfolgen, ungeachtet der Konsequenzen für andere oder die Umwelt. Yoga hat diese Annahme immer infrage gestellt.

Ich stelle mir vor, dass Yogapraktiken ungefähr zur gleichen Zeit entwickelt wurden, als vor etwa 10 000 Jahren die Samen unserer heutigen Kultur gesät wurden. Die frühen Zivilisationen, die sowohl im alten Ägypten als auch in Indien entstanden, waren landwirtschaftliche Kulturen, in denen die Versklavung von Tieren, insbesondere Kühen, eine zentrale Rolle spielte. Die Geburt der Kultur fiel mit der Versklavung der Tiere zusammen. Aus der Versklavung von Tieren entwickelte sich die Landwirtschaft, dann kamen Schlachthöfe, Marktplätze, Städte, Geld und institutionalisierte Religionen. Im Lauf der Geschichte und bis heute hat jede Kultur eine Lebensweise angestrebt, die im Wesentlichen eine »Macht ist Recht«-Parole ausgibt. Eine Parole, die den Stärksten oder Reichsten das Recht gibt, zu nehmen, was sie wollen und von wem sie wollen. Unsere Gesetze sagen uns, dass wir, wenn wir etwas besitzen, das Recht haben, es nach Belieben zu nutzen. Diese unangefochtene privilegierte Haltung erlaubt uns, auch andere Lebewesen ohne Sorge um ihr Wohlergehen, Glück oder Freiheit zu benutzen. Wir haben länger gegen andere Menschen Krieg geführt, als wir die Jahre zählen können, und noch länger befinden wir uns im Konflikt mit Mutter Natur und ihren Geschöpfen. Alle vergangenen und gegenwärtigen Kriege mit ihrer Gewalt, Versklavung und Ausbeutung wurden unter den Vorzeichen von Frieden und Glück geführt. Gewalt bringt niemals Frieden oder Glück – sie bringt nur mehr Gewalt. Yoga hat immer einen Weg zu wahrem Frieden und Glück geboten. Die wahre Geschichte des Yoga muss uns noch offenbart werden und wird dann vermutlich unsere kühnsten Vorstellungen übertreffen. Wird es überhaupt um Vorstellungen gehen? Oder wird es ein Prozess des Erinnerns?

Ich stelle mir vor – und diese Vorstellung gefällt mir sehr gut – dass, während der Weg zu unserer gegenwärtigen Kultur vor etwa 10 000 Jahren begann, ein paar besondere Menschen abseits des »Mainstreams« standen und ihn mit kritischem, nachdenklichem Blick betrachteten. Sie sahen Krieg, Sklaverei, Ausbeutung und die Anhäufung von materiellem Wohlstand nicht als Weg zu nachhaltigem Glück. So lehnten sie die Vorgaben der Zivilisation ab und zogen sich in die Wildnis – Berge, Wüsten, Urwälder – zurück, um selbst den Weg zum wahren Glück zu finden. Von der Zivilisation entfernt, konnten sie mit Möglichkeiten experimentieren, Glück zu vermehren, das nicht beinhaltete, andere zu verletzen oder ihnen ihr Wohlergehen zu nehmen. Die Geschichten in den alten Schriften bezeichnen diese Personen als Rishis, Weise oder Yogis: Männer und Frauen, die in Harmonie mit der Natur lebten und ein erleuchtetes, am Jenseitigen orientiertes Selbstbewusstsein kultivierten, das nicht von materiellem Reichtum, Dominanz oder religiösen Ritualen abhängig war. Vielmehr ruhte es in ihrer direkten Verbindung mit der transzendenten Quelle der Glückseligkeit selbst – Gott, dem Höchsten und Ewigen.

Diese frühen Yogis fühlten, dass menschliche Arroganz tatsächlich von einem außer Kontrolle geratenen Ego herrührt. Das Ego ist unfähig, Mitgefühl zu empfinden – eine Person, die vom Ego regiert wird, toleriert Grausamkeit zugunsten des eigenen Fortkommens. Die Yogis schufen Praktiken, die Demut und

Mitgefühl förderten und ihnen ermöglichten, ihr Identitätsgefühl vom Ego und seinen selbstsüchtigen Forderungen nach Befriedigung zu entfernen. Sobald sie von der Selbstsucht befreit waren, konnten sie tiefer in die Suche nach der Wahrheit eintauchen und sich wieder mit dem ewigen, glückseligen Selbst verbinden. Mit der Zeit wurden diese magischen Praktiken als Yoga bekannt.

Vielleicht wurden einige dieser alten Yogis inzwischen wiedergeboren und leben mitten unter uns, die wir massiven ökologischen und spirituellen Krisen ausgesetzt sind. Meiner Meinung nach ist Yoga in der heutigen Welt so populär, weil die Erde Yogis braucht – diejenigen, die verstehen, in Harmonie mit ihr zu leben. Die Yogapraktiken geben uns Möglichkeiten, uns und die Welt in einen magischen Ort zu verwandeln. Der Weg des Yogi ist der Weg der Güte und des Mitgefühls und steht uns hier und jetzt zur Verfügung – und jedem Menschen, der den Mut hat, sich um das Glück anderer zu kümmern.

GLOSSAR

Die Begriffe stammen, falls nicht anders angegeben, aus dem Sanskrit.

ABHINIVESHA: Angst vor dem Tod; einer der fünf Kleshas oder Hindernisse für Yoga, zitiert von Patanjali in den *Yoga Sutras*

ABHYASA: Sadhana, Übung; kontinuierliche Anstrengung, wiederholtes Bemühen

AGNI: Feuer

AJNA: wahrnehmen; 6. Chakra, Drittes Auge

ASANA: Sitz, Verbindung zur Erde, Beziehung zur Erde und zu allen Wesen

ASHTANGA: Der achtgliedrige Pfad des Raja Yoga, wie er von Patanjali beschrieben wird: Yama, Niyama, Asana, Pranayama, Pratyahara, Dharana, Dhyana, Samadhi; der Name des Yogasystems nach Sri K. Pattabhi Jois

ANAHATA: unversehrt; 4. Chakra, Herzzentrum

ANTU: Möge es so sein.

ATMAN: die ewige Seele, das wahre Selbst, das in jedem Wesen wohnt

AVIDYA: Unwissenheit; Missverständnis; das Unwirkliche für das Wirkliche halten; einer der fünf Kleshas oder Hindernisse für Yoga, zitiert von Patanjali

BANDHA: Energieverschluss, der den Pranafluss steuert

BHAKTI: mit Ehrfurcht, Zuneigung und Liebe handeln; Hingabe an Gott

BHAV(A): glückselige göttliche Stimmung des Einheitsbewusstseins; die Liebe zu Gott direkt erfahren; erleuchtete emotionale Wahrnehmung, mit dem Göttlichen verbundenes Gefühl oder Stimmung

CHAKRA: Rad, Kreis; Tor zur Wahrnehmung

CHITTA/CITTA: Gedankengut, Gedanken, Schwankungen, Wirbel

CHITTA PRASADANAM: ein Geist mit »süßer Veranlagung«, harmonischer Geist

DEVO MAHESWARA: ein Name für Shiva, der destruktive Aspekt der Hindu-Trinität

DHARANA: Konzentration; die Fähigkeit, den Geist zu fokussieren, was zu Dhyana oder Meditation führt

DHYANA: meditativer Zustand; der kontinuierliche Fokus der Aufmerksamkeit auf ein Objekt ohne Unterbrechung

ECHNATON (Regierungszeit ca. 1353–1336 v. Chr.): ägyptischer Pharao der 18. Dynastie, 17 Jahre lang Herrscher von Ägypten; früher bekannt als Amenhotep IV. Er gründete die Stadt Amarna und verlegte die Hauptstadt von Theben dorthin. Bekannt als »Ketzerkönig«, weil er die erste bekannte monotheistische Religion der Welt eingeführt hat.

GÖTTLICH: transzendent, jenseits der irdischen, zeitlichen Welt; himmlisch; paradiesisch

GURU: der Entferner von Dunkelheit und Unwissenheit; spiritueller Lehrer

HARE: Anrufung von Hara, ein Name für Radha, Krishnas Gemahlin (oder für Shakti als weibliche Urkraft)

HARI: Name für Krishna: »Derjenige, der alle Leiden beseitigt«

HATHA YOGA: Yoga der Kraft; *Ha* = Sonne + *tha* = Mond; eine Übung zum Ausgleich von Gegensätzen, zum Beispiel Sonne/Mond, rechts/links, männlich/weiblich, ich/andere

HATHA YOGA PRADIPIKA: Titel eines traditionellen technischen Handbuchs, das im 14. Jahrhundert von Yogi Swatmarama in Sutra-Form geschrieben wurde; der Titel bedeutet »Licht auf die Verbindung von Sonne und Mond«

JAPA: Wiederholung eines Mantras

JIVA: individuelle Seele, das verkörperte, von anderen getrennte Selbst

JIVANMUKTA: befreite Seele

JIVAMUKTI: befreit leben

KAPALABHATI: Atemübung; »leuchtender Schädel«

KARMA: Handlung, Tat: Nach dem Gesetz des Karma ist die aktuelle Situation das Ergebnis früherer Handlungen.

KARTUSCHE: Ursprünglich »Gewehrpatrone«. Als Napoleons Soldaten Ende des 18. Jahrhunderts nach Ägypten kamen, begegneten sie vielen dieser Umrahmungen, die Hieroglyphenschriften einschlossen. Zu dieser Zeit konnte niemand Hieroglyphen lesen und sie bezeichneten sie als »leere Patronen«. Das Wort wurde so gebräuchlich, dass es der Standardbegriff für den ovalen Ring blieb, der mit einer bildlichen Darstellung eines am Ende verknüpften Seils umgeben ist. Gewöhnlich enthält die Kartusche einen Namen, der in ägyptischen Hieroglyphen geschrieben ist. Bevor die Form verlängert wurde, war es ein Kreis und wurde *Sheni* (umkreisen) genannt. Um mehr Hieroglyphen fassen zu können, wurde der Kreis in eine ovale Form gestreckt.

KECHARI MUDRA: Ein yogisches Siegel, das in Kriya- und Pranayama-Übungen verwendet wird. Dabei wird die die Zungenspitze nach oben geklappt und gegen den Gaumen gedrückt, eine Position, die spirituelle Energie weckt, indem sie die Zunge beruhigt sowie Hunger, unnötige Sprache und störende Gedanken verringert.

KLESHA: Hindernis. In den *Yoga Sutras* nennt Patanjali fünf Kleshas oder Hindernisse für Yoga: *Avidya* (Unwissenheit), *Asmita* (Egoismus), *Raga* (Anhaftung), *Dvesha* (Abneigung) und *Abhinivesha* (Angst vor dem Tod).

KRISHNA: das Anziehendste; das innerste Herzensbedürfnis; schwarz; dunkel; das Höchste Selbst; Gott

KRIYA: Reinigungsübung

KUMBHAK(A): halten; genießen

KUNDALINI: Bewusstsein, das, einer Schlange ähnlich, an der Basis der Wirbelsäule im Muladhara Chakra schläft. Im Zuge der Erleuchtung beginnt das Bewusstsein als Kundalini durch die Chakren den zentralen Energiekanal hinaufzusteigen.

LILA: kosmisches Spiel

LOKAH: Ort, Welt, (Be-)Reich

MALA: Rosenkranz; Perlenkette zum Rezitieren von Mantras und Gebeten

MAMA: meines

MANTRA: Schutz für den Geist; von *Man* = Geist + *tra* = überwinden

MARG(A): Weg

MULA: Wurzel

MULADHARA: Ort der Wurzel; 1. Chakra an der Basis der Wirbelsäule.

MUDRA: Energiesiegel, mit dem man Prana in einer bestimmten Weise lenken kann. Mudras werden normalerweise als Handbewegung ausgeführt, aber es gibt auch Mudras, die mit dem ganzen Körper ausgeführt werden.

NADI: Kanal, Fluss, Strömung, Strom; energetischer Kanal für Prana, Lebenskraft

NAMAH: Ich verbeuge mich vor einem höheren Selbst.

OM: Heilige Silbe; der ursprüngliche Name Gottes. Die drei grundlegendsten Klänge, die ein Mensch äußern kann: A-U-M.

PADMASANA: Lotussitz; traditionell eine der empfohlenen Haltungen für Pranayama und Meditationspraxis

PARAM: jenseits, allerhöchst

PATANJALI: Autor der *Yoga Sutras*, der, so Schätzungen, im Zeitraum vor etwa 2000 bis 5000 Jahren gelebt hat. Der Name bedeutet: *pa* (fallende Schlange) + *anjali* (offene Hände). Die Legende sagt, dass er wie eine Schlange in die wartenden Hände seiner Mutter fiel und demnach »Patanjali« genannt wurde.

PHARAO: Ursprünglich Bezeichnung für den königlichen Hof oder Palast; seit Echnatons Zeit wurde das Wort als Titel für den König oder Herrscher von Ägypten verwendet

PINGALA: der »rote Sonnenstrom«, der rechte Nadi, männlicher Kanal

PRANA: Lebenskraft, Vitalität; einer der fünf Vayus oder Winde. Prana Vayu ist der aufwärts ziehende Wind.

PRANAYAMA: aus *Prana* = Lebenskraft + *Yama* = einschränken; die Lebenskraft regulieren, oder *pran* + *ayama* = »die Lebenskraft erweitern oder freisetzen«

PRASAD: gesegnetes Geschenk

PUSHTI: gut genährt, anmutig

PUSHTI MARG: Weg der Gnade, eine yogische Tradition, gegründet von Shri Vallabhacharya (1479–1531).

RAMA: Mit einem langen »a« ausgesprochen, bezeichnet Rama den Avatar von Vishnu, dem Helden des Ramayana-Epos. Ausgesprochen mit einem kurzen »a« ist Rama ein anderer Name für Lakshmi, die Göttin der Fülle.

SADHANA: bewusste spirituelle Praxis; Handeln in der Absicht, Yoga zu verwirklichen

SAHASRARA: tausendblättrig; 7. oder Kronenchakra, oberhalb des Kopfs

SAKSHAT: in der Nähe

SAKSHI: Zeuge

SAMA: gleich, beständig, neutral, ruhig

SAMADHI: das Höchste; Erleuchtung; Yoga; Verbindung mit Gott; der achte Teil von Patanjalis Ashtanga-Yoga-System

SAMASTA: Einheit bilden

SARA: waschen, verscheuchen

SARKOPHAG: (griechisch) Steinsarg

SATCHIDANANDA: Wahrheit, Bewusstsein und Glückseligkeit; die Eigenschaften des ewigen und höchsten göttlichen Selbst

SATTVA: leicht, rein, ausgewogen

SHAKTI: Weibliches Prinzip der göttlichen Energie

SHANTI: Frieden, Ruhe

SHARANAM: Zuflucht, Heiligtum, sicherer Ort

SHAVASANA: Totenstellung; die Praxis zu sterben, den physischen Körper loszulassen.

SHIVA: Glücksverheißender

SUKHINO: glücklich, gelassen

SWADHISTHANA: 2. Chakra

TAMASISCH: träge, dunkel, verfallend

UDDIYANA BANDHA: »hochfliegender« Energieverschluss, indem man das Zwerchfell nach dem Ausatmen anhebt

VAYU: Luft, Wind, Lebenskraft

VIRASANA: Heldensitz; empfohlene Haltung für Pranayama und Meditation.

VISHNU: der Höchste Herr; die alles durchdringende Realität; Erhalter des Universums

VISHUDDHA: Ort der Reinheit; giftfrei; 5. Chakra

YOGA (Großbuchstaben): Joch, zusammenkommen, verbinden, erinnern; Vereinigung mit dem Selbst, mit Gott; Erleuchtung

YOGA: Praktiken, die den Zustand des Yoga oder Erleuchtung bewirken sollen

YOGI: Person, die sich an Gott erinnert hat; die mit dem höheren Selbst verbunden ist, mit Gott; die Yoga oder Erleuchtung erlangt hat; die Yoga praktiziert

DANK

Danke, David Life, für deine fortwährende kreative Partnerschaft und Unterstützung, die sich auf vielfältige Weise manifestiert, einschließlich der wundervollen Zeichnungen, die du für »Mein magischer Morgen« erstellt hast, sowie des Designkonzepts für dieses Buch. Danke für die vielen Stunden, die du mir zuhörtest, wenn ich dir aus dem frühen Manuskript vorlas, dein Feedback und dass du mich ermutigt hast, die Abenteuergeschichte aus Ägypten hinzuzufügen. Und danke, dass du mir – ohne dich jemals zu beschweren – immer zu Hilfe gekommen bist, wenn sich beim Schreiben unerklärliche Computerprobleme einstellten.

Es heißt, dass ein Bild mehr sagt als tausend Worte. Wenn dieses Buch also keine Bilder hätte, hätten wir weitaus mehr Wörter einfügen müssen und es wäre vermutlich ziemlich langweilig geworden. Danke also an das dynamische Duo Constance Hansen und Russell Peacock, bekannt als Guzman: dafür, dass sie uns mit ihren Fotos vor der Langatmigkeit bewahrt haben.

Danke an meinen amerikanischen Verlag TarcherPerigee, besonders Sara Carder und Heather Brennan sowie Megan Newman dafür, dass sie mich Sara vorstellte.

Ohne die Unterstützung meines zuverlässigen Literaturagenten Joel Gotler, der unser Schiff geschickt durch die rauen Gewässer und stürmischen Meere der Verlagswelt navigiert und gleichzeitig weiß, wie man den Dingen – immer mit

Kompass in der Hand – ihren Lauf lassen kann, wäre ich ziemlich verloren. Danke, Joel, dass du niemals die Richtung aus den Augen verlierst.

Meine höchste Anerkennung gilt der brillanten Cassandra Rigney, Jivamukti-Yogalehrerin und Krankenschwester, für ihre Expertise in Bezug auf die physiologischen Wirkungen von Kapalabhati und Pranayama auf Lunge und Nieren.

Ich freue mich sehr, dass mein lieber Freund, der renommierte Physiker und Ägyptologe Tommy Broussard, meiner Theorie ernsthaft zuhörte. Als ich Tommy vor vielen Jahren fragte, ob er glaube, dass im alten Ägypten Yoga praktiziert worden sei, sagte er, er wisse es nicht, verwies mich aber auf seinen Freund, den charismatischen Zahi Hawass, damals kein Geringerer als der ägyptische Staatsminister für Altertümer. Zu dieser Zeit lehnte Dr. Hawass die Idee ab. Aber während ich am Manuskript dieses Buchs arbeitete, berichtete Tommy mir, dass er mit Dr. Hawass gesprochen habe, der gesagt habe: »Zuerst habe ich nicht an die Theorie deiner Yoga lehrenden Bekannten geglaubt, aber es sind einige Beweise aufgetaucht, die ihre Idee unterstützen könnten.« Zu beweisen sei es immer noch schwer, aber wie dem auch sei: Auf jeden Fall danke ich Tommy und Dr. Hawass dafür, dass sie mir die Inspiration für den fiktiven Charakter »Karim Hassan« gegeben haben.

Ich verbeuge mich vor meinem Guru-ji, Sri K. Pattabhi Jois, seinem Sinn für Abenteuer und seine oft schelmische, geheimnisvolle Art. Als Pattabhi Jois gefragt wurde, wie sein System des Ashtanga Yoga zustande kam – besonders, wo der Ursprung seiner Asana-Serie liege – sagte er, dass er eines Tages, als er mit seinem Guru Sri Krishnamacharya zusammen war, in der Bibliothek von Kalkutta einen lang verlorenen Yogatext fand. Auf Bananenblättern festgehalten, zeige er bildlich alle Asana-Sequenzen. Als ich fragte, ob ich diese Blätter sehen könnte, lachte er und antwortete: »Die Ameisen haben sie vor langer Zeit gegessen!«

Für immer dankbar bin ich auch meiner Ballettlehrerin, der großartigen Ruthanna Boris. Als ich in Seattle, Washington, lebte und von 1973 bis 1979 bei Frau Boris studierte, unterrichtete sie die Klasse mit einer Reihe von Aufwärmübungen, die sie als »magische Sieben« bezeichnete. Sie versicherte uns, dass alle Tänzer des New York City Ballet sie jeden Morgen vor ihren ersten Pliés an der Stange praktizierten. Sie erzählte uns, dass es Joseph Pilates war, der der Truppe diese Aufwärmübungen verordnet hatte, um sie vor Verletzungen zu schützen. Ich erinnere mich nicht an die ganze Serie, aber ich erinnere mich, dass sie einen modifizierten Schulterstand enthielt und dass dies wahrscheinlich meine erste

Begegnung mit einem Yoga-Asana war. Die Idee, das Wort »Magie« in meine eigene Übungsreihe zu bringen, kann sicherlich auf Frau Boris' »magische Sieben« zurückgeführt werden.

Dankbarkeit empfinde ich auch gegenüber Kathleen Hunt, die mit Ruthanna Boris viele Jahre lang neben mir die »magischen Sieben« praktizierte, während wir in den 1970er-Jahren zusammen an der Universität von Washington Tanz studierten. Mit Kathleen teilte ich das Interesse am Zeitalter Napoleons in Frankreich. Außerdem war sie es, die mich ermutigte, einen Handstand in meine morgendliche Yogapraxis aufzunehmen, und mich durch ihr eigenes diszipliniertes Beispiel dazu inspirierte, meine Zählzeit im Handstand bis heute auf 60 Atemzüge erhöht zu haben.

Danke an Kelly Britton, Rob Fraboni, Giacobazzi Yanez, Carly Boland, Arjun Bruggeman, Alex Febre, Hari Mulukutla, Katya Grineva, DeAnna Haun und Steven Haun, die mir geduldig Feedback zu früheren Versionen des Manuskripts gaben.

Jamie Epstein und Katie Manitsas bin ich für ihre Hilfe beim Entwickeln des frühen Manuskripts dankbar.

Tief bewegt bin ich von all den Jivamukti-Yogaschülern, die im Lauf der Jahre die »Magic Ten«-Serie als hilfreich für ihre eigene Praxis empfunden haben. Ich hoffe, dass sie mit diesem neuen Buch Inspiration zur Erweiterung und kontinuierlichen Neuentdeckung finden.

ÜBER DIE AUTORIN

SHARON GANNON, Autorin, Musikerin, Tierrechtlerin und vegane Aktivistin, ist zusammen mit David Life Mitbegründerin der Jivamukti-Yogamethode, einem Weg zur Erleuchtung durch Mitgefühl für alle Wesen.

www.jivamuktiyoga.com
www.simplerecipesforjoy.com

Die amerikanische Ausgabe erschien 2018 unter dem Titel
»The Magic Ten« by Sharon Gannon

This edition published by arrangement with TarcherPerigee, an imprint of Penguin Publishing Group,
a division of Penguin Random House LLC.

1. Auflage

Lektorat: Martin Stiefenhofer
Herstellung: Claudia Scheike
Projektleitung: Inga Heckmann
Fotos: Alle Fotos von Sharon Gannon Copyright © Guzman
Alle anderen Fotos: S. 53, David Life
(Ägyptische Yogini in Virasana praktiziert Pranayama), 2016;
S. 90, Sharon Gannon (Eintrittskarte zur Großen Pyramide), 2008;
S. 91, David Life (Sharon im Sarkophag in der Großen Pyramide);
S. 102, Sharon Gannon (Hausaltar, Aton segnet Pharao Echnaton,
seine Frau Nofretete sowie ihre drei Töchter;
Kalksteinrelief, ca. 1340 v. Chr., Ägyptisches Museum Berlin), 2016
Aquarelle: S. 93, David Life (ägyptische Yogini,
nach einer ägyptischen Steinmalerei von 1200 v. Chr.),
2017; S. 106, David Life, (Kartusche) 2016
Illustrationen: David Life
Covergestaltung: Nellys Liang
Cover Foto: Guzman
Cover Illustration: Marina Demidova/Shutterstock
Umschlaggestaltung: Geviert, Grafik & Typografie
Druck und Bindung: DZS Grafik d.o.o.
Satz: Leingärtner, Nabburg
Printed in Slovenia

ISBN: 978-3-424-15356-9